ନିର୍ବାଚିତ କବିତା

ନିର୍ବାଚିତ କବିତା

ଶୈଳଜ ରବି

ବ୍ଲାକ୍ ଇଗଲ୍ ବୁକ୍ସ
ଭୁବନେଶ୍ୱର, ଓଡ଼ିଶା

BLACK EAGLE BOOKS
Dublin, USA

ନିର୍ବାଚିତ କବିତା / ଶୈଳଜ ରବି

ବ୍ଲାକ୍ ଈଗଲ୍ ବୁକ୍ସ : ଭୁବନେଶ୍ୱର, ଓଡ଼ିଶା • ଡବ୍ଲିନ୍, ଯୁକ୍ତରାଷ୍ଟ୍ର ଆମେରିକା

BLACK EAGLE BOOKS

USA address:
7464 Wisdom Lane
Dublin, OH 43016

India address:
E/312, Trident Galaxy, Kalinga Nagar,
Bhubaneswar-751003, Odisha, India

E-mail: info@blackeaglebooks.org
Website: www.blackeaglebooks.org

1st Edition in 2001

First International Edition Published by
BLACK EAGLE BOOKS, 2024

NIRBACHITA KABITA(SELECTED POEMS)
by **Sailaj Rabi**

Copyright © **OM Abhigyan Sahoo**

All rights reserved. No part of this publication may be reproduced, stored in a retrieval system, or transmitted, in any form or by any means, electronic, mechanical, photocopying, recording or otherwise without the prior permission of the publisher.

Cover Concept: **Sailaj Rabi**
Interior Design: Ezy's Publication

ISBN- 978-1-64560-534-8 (Paperback)

Printed in the United States of America

ପ୍ରଥମ ସଂସ୍କରଣ : ପ୍ରାକ୍ ସୂଚନା

ନିର୍ବାଚନ ଏଯାବତ୍

ଏ ଯାବତ୍ ଲେଖିଛି ବହୁତ କମ୍ । ସେଥିରୁ କବିତା ଆହୁରି କମ୍ । ଏଣୁ ସେଥିରୁ ନିର୍ବାଚନ କରିବା ଉଭୟ ଖୁବ୍ ସହଜ ଆଉ ଖୁବ୍ କଷ୍ଟ ବି । ସଂକଳନଟି ୧୦୦ ପୃଷ୍ଠା ଭିତରେ ସୀମାବଦ୍ଧ ରଖିବା ସ୍ଥିର ହେଲା । ଏଣୁ ଏ ସଂକଳନ ପାଇଁ କବିତା ନିର୍ବାଚନରେ ତାହା ହିଁ ମୁଖ୍ୟ ମାପକାଠି ବୋଲି ଧରି ନିଆଯାଇପାରେ ।

ଯଦିଓ କିଶୋର ଅବସ୍ଥାରୁ କବିତା ଲେଖୁଛି ତଥାପି ଏ ସଂକଳନରେ ସନ୍ନିବିଷ୍ଟ କବିତା ଗୁଡ଼ିକ '୬୦ ଦଶକରୁ ଏ ଯାବତ୍ ରଚିତ କବିତା ଭିତରୁ ହିଁ ନିର୍ବାଚନ କରାଯାଇଛି ।

କବିତା ଗୁଡ଼ିକ ଏପରି କିଛି ଦୁର୍ବୋଧ ନୁହନ୍ତି । ତଥାପି କେତେକ ସ୍ଥଳରେ ଭାବକୁ ଅଧିକ ସ୍ପଷ୍ଟ କରିବା ପାଇଁ ଅଥବା ନିର୍ଦ୍ଦିଷ୍ଟ କବିତା ସଂପର୍କରେ କିଛି ତଥ୍ୟ ପ୍ରଦାନ ପାଇଁ ପୁସ୍ତକ ଶେଷରେ ଏକ ସଂକେତ ସୂଚୀ ଯୋଡ଼ାଯାଇଛି ।

ଅନୁଦିତ କବିତା, ବ୍ୟଙ୍ଗ କବିତା ଓ ଲୋକଗୀତ ଏଥିରେ ସ୍ଥାନ ପାଇନାହିଁ । ସେଗୁଡ଼ିକୁ ଅଲଗା ଅଲଗା ସଂକଳନରେ ସ୍ଥାନିତ କରିବା ଇଚ୍ଛା ରହିଛି ।

ରବି

କଟକ, ୧ ଫେବୃୟାରୀ, ୨୦୦୧

୨ୟ ସଂସ୍କରଣ : ପ୍ରାକ୍‌ସୂଚନା

'ଶୈଳଜ ରବି : ନିର୍ବାଚିତ କବିତା' ଶୀର୍ଷକ ବହନ କରି ପ୍ରକାଶିତ ହୋଇଥିଲା ଏହାର ପ୍ରଥମ ସଂସ୍କରଣ । ପ୍ରକାଶକଙ୍କ ପ୍ରସ୍ତାବ ମତେ ଏହି ଦ୍ୱିତୀୟ ସଂସ୍କରଣର ଶୀର୍ଷକ ରହୁଛି, **"ଶୈଳଜ ରବି : ନିର୍ବାଚିତ କବିତା"** ।

୨୦୦୧ ମସିହାରେ ପ୍ରକାଶିତ ମୋର ଏହି ସଂକଳନଟି ଥିଲା ବସ୍ତୁତଃ ମୋର ପ୍ରଥମ କବିତା ସଂକଳନ । ଏହାର ଆଠ ବର୍ଷ ପୂର୍ବରୁ ଆଉ ଖଣ୍ଡେ କବିତା ସଂକଳନ 'ମିଛୁଆ ଗାଈଆଳଟୋକା ମଲା ପୂର୍ବରୁ ଗାଇଥିବା ଗୀତ' ପ୍ରକାଶ କରିଥିଲେ କଟକର ଏକ ପ୍ରକାଶନ ସଂସ୍ଥା । ମାତ୍ର ବାଇଣ୍ଡରଙ୍କ ଘରେ ଉଈଙ୍କ ଭକ୍ଷଣପରେ ଯାହା ଉଈ-ଉଚ୍ଛିଷ୍ଟ ରହିଗଲା ସେଥିରୁ ମାତ୍ର ୨୦୦ ଖଣ୍ଡ ବାଇଣ୍ଡିଂ ଯୋଗ୍ୟ ଥିଲା । ତାହା ବନ୍ଧୁମାନଙ୍କ ଭିତରେ ବାଣ୍ଟି ଦେଇଥିଲି । ଏଣୁ 'ନିର୍ବାଚିତ କବିତା' ହିଁ ଥିଲା ବସ୍ତୁତଃ ମୋର ପ୍ରଥମ କବିତା ସଂକଳନ । ସ୍ନେହାସ୍ପଦ ସତୀର୍ଥ ଗିରିଜା ବଳିୟାରସିଂଙ୍କର 'ଅକ୍ଷର' ଥିଲେ ଏହାର ପ୍ରକାଶକ । ଭାଗ୍ୟକୁ ଏହା ୨୦୦୨ ମସିହା ପାଇଁ ରାଜ୍ୟ ସାହିତ୍ୟ ଏକାଡ଼େମୀ ପୁରସ୍କାର ପାଇବାକୁ ମନୋନୀତ ହୋଇଥିଲା । ସତୀର୍ଥ କବି-ପ୍ରକାଶକ ଶ୍ରଦ୍ଧେୟ ସତ୍ୟବାବୁ ଏହାର ପୁନଃ ମୁଦ୍ରଣରେ ଆଗ୍ରହ ପ୍ରକାଶ କଲେ । କ୍ୟୁ'ରେ ସବୁବେଳେ ପଛ ଆଡ଼କୁ ଛିଡ଼ା ହେବାରେ ମୋତେ ମଜା ଲାଗେ । ଦୋମୁଣ୍ଡିଆ ଜାନସ୍‌ଙ୍କ ପରି ମୋ ଆଗ ଓ ପଛର ସମସ୍ତଙ୍କୁ ସେଇଠୁ ଭଲଭାବେ ଦେଖି ହୁଏ । ସତ୍ୟବାବୁଙ୍କୁ ମଜାରେ କହିଦେଇଥିଲି, ଏହା ଆପଣଙ୍କ ସଂସ୍ଥାର ୫୦୦ତମ ପ୍ରକାଶନ ହେଉ । ସେ ଆକ୍ଷରିକଭାବେ ମୋ ଅନୁରୋଧକୁ କାର୍ଯ୍ୟକାରୀ କଲେ । ଏହା ମୋ ପାଇଁ ହୋଇଛି ଏକ ମଧୁର ବିସ୍ମୟ ।

ନମ୍ରଭାବେ ଏତିକି କହିବି, ଏଥିରୁ ଅନେକ କବିତା ୪/୫ ଦଶନ୍ଧି ପୂର୍ବରୁ ଲେଖା ହୋଇଥିଲେ ମଧ୍ୟ ପରେ ଚେଷ୍ଟାକରି ସେଭଳି କବିତା ଆଉ ଲେଖି ପାରିନାହିଁ । ଏଣୁ ଏସବୁକୁ ମୁଁ ମୋର 'ପୁରୁଣା' କବିତା କହିପାରିବି ନାହିଁ । ବରଂ ଜୀବନ ମଧ୍ୟାହ୍ନରେ ଲିଖିତ ଏହି କବିତା ଗୁଡ଼ିକରେ ମୁଁ ବେଳେବେଳେ ଦେଖେ ମଧ୍ୟାହ୍ନ ମାର୍ତ୍ତଣ୍ଡର ଦୀପ୍ତି, ମୋର କବି ବ୍ୟକ୍ତିତ୍ୱର ସବୁଠାରୁ ଅଧିକ ଉଷ୍ଣ, ଉଦ୍ଦୀପ୍ତ ପ୍ରକାଶ । କୃତଜ୍ଞତା ଜଣାଉଛି ଏହାର ଭୂମିକା ଲେଖିବାକୁ ସମ୍ମତି ଦେଇଥିବା ଏ ସଂକଳନ ସହିତ ଆଦ୍ୟରୁ ଜଡ଼ିତ ଏକଦା ମୋର ସହକର୍ମୀ ଅନୁଜପ୍ରତିମ ବିଖ୍ୟାତ ଗାଳ୍ପିକ, ସଂପାଦକ ଓ କବି ଶ୍ରୀ ଗୌରହରି ଦାସଙ୍କୁ । ପୁନଶ୍ଚ କୃତଜ୍ଞତା ଜଣାଉଛି ପ୍ରକାଶକଙ୍କୁ ।

କଟକ **ଶୈଳଜ ରବି**

ତା.୧୪.୦୩.୨୦୨୪

ଭୂମିକା

ଶୈଳଜ ରବିଙ୍କ 'ନିର୍ବାଚିତ କବିତା' ସଂକଳନଟି ପଢ଼ିସାରିବା ପରେ ଦାର୍ଶନିକ ସୋରେନ୍ କିଏର୍କେଗାର୍ଡ କବିମାନଙ୍କ ସଂପର୍କରେ କହିଥିବା କଥାଟିଏ ମନେପଡ଼େ - **"What is a poet ? An unhappy person who conceals profound anguish in his heart, but whose lips are so formed that as sighs and cries pass over them they sound like beautiful music."** ଶୈଳଜ ରବିଙ୍କର କବିତା ଦୀର୍ଘଶ୍ୱାସର କବିତା, ମୋହଭଙ୍ଗର କବିତା, ମୃତ୍ୟୁଚେତନାର କବିତା ପୁଣି ଜିଜୀବିଷା, ମୁମୂର୍ଷା, ମୁମୁକ୍ଷା ଓ ଉଦ୍‌ଗମୀଷାର କବିତା। କବିଙ୍କର ମୋହଭଙ୍ଗ ଦେଶର ସ୍ୱାଧୀନତା ପରବର୍ତ୍ତୀ ପରିସ୍ଥିତିକୁ ନେଇ, ଦୀର୍ଘଶ୍ୱାସ ଜୀବନର ସିସିଫିୟ ଅନ୍ତହୀନ - ପୌନଃପୁନିକ ଘଟଣାକ୍ରମକୁ ନେଇ ଏବଂ ଅବସୋସ ସମ୍ଭାବନା ସତ୍ତ୍ୱେ ଜୀବନକୁ ଠିକଣା ଭାବେ ଜିଇ ନ ପାରିବାର ଅସାମର୍ଥ୍ୟ ନେଇ। କବିଙ୍କର କବିତାଗୁଡ଼ିକ ସରିଥିବା କୃତିଗୁଡ଼ିକ ପରି ମନେ ହୁଏ ନାହିଁ, ଲାଗେ ଏସବୁ ଅଧାଲେଖା ପାଣ୍ଡୁଲିପି - ଯାହା ପୂର୍ଣ୍ଣତାର ଅପେକ୍ଷାରେ ରହିଛି। ଏସବୁ ସତ୍ତ୍ୱେ କିଏର୍କେଗାର୍ଡଙ୍କ ମନ୍ତବ୍ୟ ପରି କବିଙ୍କର ପ୍ରକାଶଭଙ୍ଗୀର ଦକ୍ଷତା ଯୋଗୁଁ ସେସବୁ ଅପୂର୍ବ ଓ ମନୋଜ୍ଞ ମନେହୁଏ।

କବିଙ୍କ କବିତାରେ ଅଛି ତାଙ୍କ ବୌଦ୍ଧିକ ଅବଗାହନର ବିସ୍ତୃତ ଚିତ୍ର। ଅଛି ବେଦ, ଉପନିଷଦ, ପଞ୍ଚତନ୍ତ୍ର, ବେତାଳ ପଞ୍ଚବିଂଶତି, ଲୋକସାହିତ୍ୟ, ଲୋକକଳା, ବୌଦ୍ଧଗ୍ରନ୍ଥ ଅଧ୍ୟୟନର ବିଜ୍ଞତା, ମାତ୍ର ନାହିଁ ବାବଦୂକତା, ସାଙ୍ଗୀତିକତା, ଭାବପ୍ରବଣତା ଓ କଳ୍ପନାବିଳାସିତା। କବି ତାଙ୍କ ଶବ୍ଦର ସ୍ଥାପତ୍ୟରେ ଅନୁକରଣ କରି ହେଉ ନ ଥିବା ଏକ ଶୈଳୀକୁ ଗ୍ରହଣ କରିଛନ୍ତି ଏବଂ ବହୁ ପ୍ରକାର ପ୍ରତୀକ, ରୂପକଳ୍ପ ମାଧ୍ୟମରେ ନିଜର ବକ୍ତବ୍ୟକୁ ଉପସ୍ଥାପନ କରିଛନ୍ତି। ତାଙ୍କର ବାକ୍ୟଗଠନ ଓ ଶବ୍ଦଚୟନ

ଅଣପାରଂପରିକ ନାନ୍ଦନିକତା କବିତା ପାଇଁ ଅନିବାର୍ଯ୍ୟ ବୋଲି ଗ୍ରହଣ କରିବାକୁ ଅନିଚ୍ଛୁକ ସେ ଏବଂ ସର୍ବଦା ସମୟ ଓ ପରିବେଶ ସଚେତନ। ଏ ସଂକଳନରେ ସ୍ଥାନୀତ କବିତାରେ ଅଛନ୍ତି ମହାତ୍ମା ଗାନ୍ଧୀ, ଉତ୍କଳମଣି ଗୋପବନ୍ଧୁ, ଫତୁରାନନ୍ଦ, ସତୀର୍ଥ ବୀରେନ୍ଦ୍ର ମହାନ୍ତି, ଅନୁରାଗୀ ପାଠକ, ସଂପର୍କୀୟ ପତ୍ନୀ କନ୍ୟା, ପୁତ୍ରବଧୂ ପୁଣି ଅପରିଚିତ ଦେଶବାସୀ, ଭିକ୍ଷୁଣୀ, ଶ୍ରମିକ ଏବଂ ନିଜେ କବି। ଅନେକ କବିତାର ପ୍ରେରଣା ତାତ୍କାଳିକ ଘଟଣାକ୍ରମ - ଯେପରି ମନୋହରପୁରର ଦୁଇ ଶିଶୁପୁତ୍ରଙ୍କ ସହ ଗ୍ରାହମ ଷ୍ଟେନ୍‌ସଙ୍କ ଶୋଚନୀୟ ମୃତ୍ୟୁ, ଦାରୁସନ୍ଧାନ, ଚନ୍ଦ୍ରକୁ ଯିବା ପାଇଁ ଟିକେଟ୍ ବିକ୍ରୟ ପରି ଘଟଣା ଓ ପ୍ରିୟଜନଙ୍କ ମୃତ୍ୟୁ ସମ୍ବାଦ। ଅଧିକାଂଶ କବିତାରେ ମୃତ୍ୟୁଚେତନା, ଜୀବନର ଅସାରତା ଓ ଅନ୍ତଃସାରଶୂନ୍ୟତା ଏବଂ ମୂଲ୍ୟବୋଧର କ୍ରମ ଅବକ୍ଷୟ ପ୍ରସଙ୍ଗ ପରିସ୍ଫୁଟ। ସାନ୍ତ୍ୱନାର କଥା ଏସବୁ ସତ୍ତ୍ୱେ ମଣିଷର ଅଜେୟ, ଅଦମନୀୟ ସାମର୍ଥ୍ୟ ଉପରୁ ଆସ୍ଥା ହରେଇନାହାନ୍ତି କବି ଶୈଳଜ ରବି।

ଏ ସଂକଳନର ସ୍ମରଣୀୟ କେତୋଟି କବିତା ମଧ୍ୟରୁ ଗୋଟିଏ ହେଉଛି 'ଧୂମାବତୀ' ଯାହା ଭିତରେ ପୂର୍ବସୂରୀ କବିମାନଙ୍କର କଳ୍ପନାବିଳାସୀତା ପ୍ରତି ପ୍ରଚଣ୍ଡ ବ୍ୟଙ୍ଗ ସହ ଦାରିଦ୍ର୍ୟପୀଡ଼ିତା ନାରୀମାନଙ୍କ ପାଇଁ ରହିଛି ବିଶ୍ୱସ୍ତ ସହାନୁଭୂତି। 'ଧୂମାବତୀ' ହିନ୍ଦୁ ପୁରାଣର ଦେବୀ ଦୁର୍ଗାଙ୍କ ଦଶ ଅବତାର ମଧ୍ୟରୁ ଗୋଟିଏ ଯିଏ କ୍ଷୁଧା ଜ୍ୱାଳା ସହି ନ ପାରି ମହାଦେବଙ୍କୁ ଗ୍ରାସ କରିବାକୁ ତାଙ୍କ ପଛରେ ଗୋଡ଼େଇଥିଲେ। ଶୈଳଜ ରବିଙ୍କ 'ଧୂମାବତୀ' କବିତାର ଏଇ ଧାଡ଼ିଗୁଡ଼ାକ ଉଦ୍ଧାର କରାଯାଇପାରେ- ''ମୁଁ ତାହାକୁ ଖୋଜିନାହିଁ ବିଦିଶା ନଗରେ/ ଲବଙ୍ଗ ଦ୍ୱୀପରେ ଅବା ନୀଳନଦୀ କୂଳେ/ କାରଣ ସହଜ ଭାବେ ପ୍ରାୟ ପ୍ରତିଦିନ/ ତା ସଙ୍ଗରେ ଭେଟ ହୋଇଯାଏ ବାଲୁବଜାରରେ/ **xxx** ଚିତ୍ରରଥ କବଳରୁ ସଚ୍ଚି ରାଉତରା ଯାକୁ ଉଦ୍ଧରିଲେ/ ଗୁରୁ ମହାନ୍ତିଙ୍କ ଢିଲା ପାଇଜାମା ଅମରାବତୀରେ ଗର୍ଭବତୀ ଯିଏ ହୋଇଥିଲା/ ରମାକାନ୍ତ ରଥଙ୍କ ବହିରେ ଅବା କଲେଜ ପରିସ୍ରାଗାରରେ/ ଯେ ଝିଅର ନାମ ଲେଖା ଥିଲା **xxx** ଏ ନୁହେଁ ସେ/ **xxx** ଜଙ୍କ୍ ଲଗା ଟିଣ ଡବା, ଚେପଟା ତାଟିଆ/ ଏବଂ ତାର ଦଦରା ଯୋନିକୁ/ ଗଛମୂଳେ ଫିଙ୍ଗିଦେଇ ଫାଁ ଗାଳି ପଡ଼ିଯାଏ ନିଘୋଡ଼ ନିଦରେ/ ତାପରେ ଆସିଲା କିଏ ଅବା କିଏ ଗଲା/ ପଇସା କିଏ ସେ ଦେଲା ଅବା କିଏ ଛତର ଖାଇଲା/ ସେ ରଖେନି ସେସବୁର ହିସାବ ନିକାଶ।'' (ଧୂମାବତୀ) ଏ କବିତାଟି ସଂପର୍କରେ ଅଧିକ କିଛି କହିବା ଅନାବଶ୍ୟକ। ଦାରିଦ୍ର୍ୟର ଦାରୁଣ ଚିତ୍ର, ସମାଜର ଅମାନୁଷିକତା ଏବଂ ଜୀବନର ଅସହାୟତା ଏହାର ଶବ୍ଦଗୁଡ଼ିକର ଫାଙ୍କରୁ ସହଜରେ ପଢ଼ିହୁଏ। ସଂକଳନର ଆଉ ଏକ ସ୍ମରଣୀୟ କବିତା 'ଆଉ ଏକ କୃତଘ୍ନ ରାତି'। ଏ ରାତି ୧୪ ଅଗଷ୍ଟ ୧୯୪୭ର

ମଧ୍ୟରାତ୍ରି, ଯୋଉଦିନ ଭାରତ ସ୍ୱାଧୀନ ହୋଇଥିଲା। କୋଟି କୋଟି ଭାରତୀୟଙ୍କ ସ୍ୱପ୍ନ ସେଦିନ ଆକାଶର ତାରାମାନଙ୍କଠାରୁ ସୁଦ୍ଧା ଅଧିକ ଉଜ୍ଜ୍ୱଳ ହୋଇଉଠିଥିଲେ ସ୍ୱପ୍ନ, ସମ୍ଭାବନାର ଆଶାରେ। ମାତ୍ର ଧୀରେ ଧୀରେ ସେ ମୋହମାୟା ତୁଟିଗଲା। ଭାଙ୍ଗିରୁଜି ଛାରଖାର ହୋଇଗଲା ସ୍ୱପ୍ନ। ଆଜି ସ୍ୱପ୍ନ ଜାଗାରେ ପ୍ରତାରଣା। ଅଥଚ ଅଗଷ୍ଟ ପନ୍ଦର ଓ ଛବିଶ ଜାନୁଆରିରେ ତ୍ରିରଙ୍ଗା ପତାକା ଖଣ୍ଡେ ଖଣ୍ଡେ ଧରି ଆମେ ଦଉଡୁଛୁ ରାଜରାସ୍ତା ଉପରେ।

'ନିର୍ବାଚିତ କବିତା' ସଂକଳନର କବି ସଂସାର ଓ ସନ୍ନ୍ୟାସ ଉଭୟ ଦିଗକୁ ଚାହିଁଥିବା ସଂଶୟୀ ସାଧାରଣ ମଣିଷ, ଯାହା ଭିତରେ କ୍ରୋଧ ଯେତିକି ପ୍ରେମ ବି ସେତିକି। କୋକେଇ ଉପରୁ ସଂସାର ଦର୍ଶନ କରୁଥିବା ସେ ବୈରାଗୀ ମଣିଷ, ପୁଣି ଦାରୁ ଭିତରେ ବ୍ରହ୍ମର ଆସ୍ଥା ରଖୁଥିବା ବିରଳ ବିଶ୍ୱକର୍ମା। ସିଏ ପୁଣି ନିଜକୁ ବାଘ ଖାଇଯିବା ଜରିଆରେ ସତ୍ୟର ପ୍ରତିଷ୍ଠା କରାଇଥିବା ବିଜ୍ଞାନୀ ଗାଈଆଳ କିଶୋର। ସିଏ ଅନାସକ୍ତ ଅନ୍ତରୀପ ପୁଣି ସ୍ୱର୍ଣ୍ଣକାତର ଗଧ କାନ୍ଧେଇଥିବା ବାଟୋଇ। ତାଙ୍କ ଭିତରେ ଅନେକ ଅନୁଭବ, ଅନୁରଣନ, ଆଲୋଡ଼ନ। ସେ ଦେବତାର ଘର ଭାଙ୍ଗି ସାଧାରଣ ମଣିଷର ସୁଖସୁବିଧା ଯୋଗାଇଦେବାକୁ ଉଦ୍ୟତ ସର୍ବୋଦୟ କର୍ମୀ, ସାମ୍ୟବାଦୀ ପୁଣି ଲୋକନାଥ ପୋଖରୀର ମେହେନତୀ କୂର୍ମ। ସିଏ କୋଇଲି, ସିଏ କାଳିଦାସ।

ପ୍ରତିଟି କବିତା ଶବ୍ଦରେ ଗଢ଼ାଯାଏ ପୁଣି ପ୍ରତିଟି କବିତା ଶବ୍ଦକୁ ଦିଏ ନୂଆ ଅର୍ଥ। 'ନିର୍ବାଚିତ କବିତା' ସଂକଳନରେ ସଂକଳିତ କବିତାଗୁଡ଼ିକର ଶବ୍ଦରାଜି ସମ୍ବନ୍ଧରେ ଏ ମନ୍ତବ୍ୟ ସର୍ବାଧିକ ପ୍ରଯୋଜ୍ୟ।

- ଗୌରହରି ଦାସ

ମଙ୍ଗଳାଚରଣ

ସ୍ୱର୍ଗତ ଦାଶରଥି ପଟ୍ଟନାୟକ
ସମସ୍ତଙ୍କର ଦାଶିଆ ଅଜା
ମରହଟି ଗଦ୍ୟମୟ ଚେହେରା

ଯୋଉଦିନ ତା'ଠୁ ପୋଷ୍ଟକାର୍ଡ଼ଟି ପାଇଲି
"ତୋ କବିତା ବହୁତ ଭଲ ଲାଗିଛି", ଜାଣିଲି
ମୋ କବିତା ଲେଖା ସାର୍ଥକ ହୋଇଛି

ସେ ପାରିରେ ବି (ଅବଶ୍ୟ ସେପରି ଯଦି କିଛି ଥାଏ)
ଯିଏ ଥୟ ଧରି ବସି ପାରୁନଥିବ
ନୀତି ଦିନ ଏ ଜଗତର
ଅଣ୍ଡଜ, ସ୍ୱେଦଜ, ଜରାୟୁଜଙ୍କ ମଙ୍ଗଳ ମନାସୁଥିବ
ସେହି କବିହୃଦୟ ପୁରୁଷୋତ୍ତମଙ୍କୁ ଆଦ୍ୟରେ ସ୍ମରଣ କରୁଛି
ପାଠକଙ୍କର ସେ ମଙ୍ଗଳ ବିଧାନ କରନ୍ତୁ ।

ସୂଚିପତ୍ର

ଭୂମିକା ପରିବର୍ତ୍ତେ : ଅଙ୍ଗାର ଗାର	■	୧୫
ଖାଁ ଖାଁ ଖରାବେଳ	■	୧୯
ମୋର ଟିକେଟ୍‌ଟି କ୍ୟାନ୍‌ସେଲ କର	■	୨୦
ଗୁଡ୍ ଫ୍ରାଇଡେର କବିତା	■	୨୨
ଗୋଟାଏ ଖୁଉବ୍ ନିଶୂନ୍ ରାତିର ସଲିଲକୀ	■	୨୪
ମା, ରମା, ରବର	■	୨୭
କୋକେଇ ଉପରୁ ସଂସାର ଦର୍ଶନ	■	୨୮
ମୁହୂର୍ତ୍ତର ଚାରିଛକି	■	୩୧
ଉତ୍କଳମଣି	■	୩୨
ଧୂମାବତୀ	■	୩୫
ଦାରୁ	■	୩୯
ସ୍ମୃତି-୧	■	୪୨
ଆତ୍ମହତ୍ୟା କରିବାର ଏକ ସୂକ୍ଷ୍ମ ଉପାୟ	■	୪୩
ସ୍ମୃତି-୨	■	୪୪
ମିଛୁଆ ଗାଇଆଳ ଟୋକା ମଲା ପୂର୍ବରୁ ଗାଇଥିବାଗୀତ	■	୪୫
ଭଲ ଗପ / ସତ ଗପ	■	୪୯
ଏ ବୃକ୍ଷ ନୁହଇ କାହାର	■	୫୧
ଅରୁନ୍ଧତୀ	■	୫୩
ହସର ଆଲ୍‌କେମୀ	■	୫୪
ପ୍ରାର୍ଥନା ପୂର୍ବରୁ ମୃତ୍ୟୁ	■	୫୬
ପ୍ରତିଦ୍ୱନ୍ଦୀ	■	୫୭
ବେତାଳ	■	୬୦
ହାସ୍ୟାସ୍ପଦ ବିଦୂଷକ	■	୬୨
ରବିନ୍‌ସନ୍ କ୍ରୁସୋ	■	୬୪
ମୁଁ ଏବେବି ଠିଆ ହୋଇଛି ମୋ ଗଧକୁ କାନ୍ଧେଇ	■	୬୭
ପଞ୍ଚବଟୀ	■	୬୯

ଈଶ୍ୱର-କୁମ୍ଭାର ସଂବାଦ ■ ୭୨
ଈଶ୍ୱରଙ୍କ ଘର ■ ୭୩
ଏବେ ସକାଳ ■ ୭୬
କାଳ କୋଇଲି ■ ୭୮
ଆଉ ଏକ କୃତଘ୍ନ ରାତି ■ ୮୦
ଈଶ୍ୱରଙ୍କୁ କ୍ଷମାକର ■ ୮୪
ଗଛ ଉପରୁ କାଳିଦାସ ■ ୮୭
"... ଓ ଅନ୍ୟାନ୍ୟ କଥା ଉପକଥା" ■ ୮୯
ସିଢ଼ି ମଣିଷ ■ ୯୦
ଅନ୍ଧ ଭୋକ ■ ୯୧

ସିସିଫସ୍‌ର କେତୋଟି ସୂକ୍ତ

ସିସିଫସ୍‌ର ସକାଳ ■ ୯୪
ପୃଥିବୀ ସୂକ୍ତ ■ ୯୬
ଆଗ୍ନେୟ ସୂକ୍ତ ■ ୧୦୧
ବୃକ୍ଷ ସୂକ୍ତ ■ ୧୦୭
ପୁରୁଷ ସୂକ୍ତ ■ ୧୦୯
ନଦୀ ସୂକ୍ତ ■ ୧୧୩
ସିସିଫସ୍‌ର ସନ୍ଧ୍ୟା ■ ୧୧୬
ସାରିବା ମାନେ ■ ୧୧୮

ସଙ୍କେତ ସୂଚୀ ■ ୧୨୦

ଉପୋଦ୍‌ଘାତ

ଅଙ୍ଗାର ଗାର

ଏ ସରେଇ ଘରେ
ରାତିଟାଏ ବିତେଇଲା ପରେ
କାହିଁକି ଇଚ୍ଛାହୁଏ କେଜାଣି
ଅଙ୍ଗାର ଖଣ୍ଡେ ଧରି
ମୋ ନାଆଁଟା ବି' ଲେଖି ଦେଇଯିବି
ତା' କାନ୍ଥରେ ।

ପୂର୍ବ, ପଶ୍ଚିମ, ଉତ୍ତର, ଦକ୍ଷିଣ
ଚାରି କାନ୍ଥରେ, ଏମିତିକି
କବାଟ, ଝିଡ଼ିକି, ଛାତ, କଡ଼ିବର୍ଗାରେ
ଚଢ଼ାଚଢ଼ି, ମଡ଼ାମଡ଼ି
ଠେଲାପେଲା ନାଆଁମାନଙ୍କର ।
ଅସଂଖ୍ୟ ନାଆଁ
ଲେଖା ହେଇଛନ୍ତି ଖଡ଼ିରେ
ଅଙ୍ଗାରରେ
ଇଟାମୁଣ୍ଡାରେ ।

ଅସଂଖ୍ୟ ନାଆଁ
ବାପ ନାଆଁ, ଗାଆଁ ନାଆଁ, ପୋଷ୍ଟାଫିସ୍ ।

ଅସଂଖ୍ୟ ନାଆଁର
ଏଇ କାନଫଟା କୋଳାହଳ ଭିତରେ
କ'ଣ ବା ମାନେହୁଏ
ଆଉ ଗୋଟାଏ ନାଆଁ ଛାଡ଼ି ଯିବାରେ ?
କ'ଣ ବା ମାନେ ହୁଏ
ପ୍ରସୂତି ୱାର୍ଡ଼ର ମୋଟା ରେଜିଷ୍ଟାର୍‌ରେ
ଆଉ ଗୋଟାଏ ନାଆଁ ଚଢ଼େଇବାରେ ?
ବିପୁଳା ପୃଥ୍ୱୀ, ନିରବଧି କାଳ
ଏ ନାଆଁ କିନ୍ତୁ ଧୋଇ ହେଇଯିବ
ଆର ଆଷାଢ଼କୁ
ଛାତରୁ ଗଳୁଥିବା ପାଣିରେ

କି ଆରସନ ଆସିଲେ
ଚୂନ ଧଉଳା ବେଳ
ଏ ନାଆଁ ବି ଲିଭିଯିବ
ଆଉ ସବୁ ନାଆଁ ସାଥିରେ ।
ସତେ,
କ'ଣ ବା ମାନେ ହୁଏ
ନାଆଁଟାଏ ଛାଡ଼ିଯିବାରେ
ଏମିତି ଏକ ଅବିଶ୍ୱାସୀ କାନ୍ଥରେ !

ତଥାପି ଆଶା ବାନ୍ଧିଥାଏ
ଏ ମୂଢ଼ ମନ
ଭାବିଥାଏ
ଏଇ ବାଟେ, ଏଇ ସନ
ହୁଏତ ଚାଲି ଯାଉଯାଉ
ଆମ ଗାଆଁ ସନିଆ କି ଶିବ
ଏଇଠି ଅଟକି ଯିବ
ଆଉ ହୁଏତ ପାଟିରୁ ଛାଏଁ ଛାଏଁ ବାହାରି ପଡ଼ିବ,
"ଆରେ ହେ, ଆମ ଦିବାଭାଇ ପୁଅ ରବି ବି

ଏଠି ଥେଲା
ଦିନୁଟାଏ କି ଓଳିଏ ।"

କି କେଉଁ ଅଚିହ୍ନା ମଣିଷଟିଏ
ନିଠେଇ ଚାହିଁବ ସେ ଅକ୍ଷରକୁ ଘଡ଼ିଏ
ଆଉ କହି ଉଠିବ,
"ଇଏ ତ ମୋ ହସ୍ତାକ୍ଷର !
ଏ ନାଆଁ
ନିଶ୍ଚେ ମୋ କା' ।"
ବିପୁଳା ପୃଥ୍ୱୀ, ନିରବଧି କାଳ
ଏ ଭଙ୍ଗା ନିର୍ଜନ ସରେଇ ଘରେ
ନାଆଁମାନଙ୍କର ଭୀଷଣ କୋଳାହଳ
ତା ଭିତରେ ଏ ଛୋଟିଆ ନାଆଁଟା
ଯାତ ଭିତରେ
ହଜି ଯାଇଥିବା ପିଲାଟା ପରି
ବ୍ୟାକୁଳ ହୋଇ ଚାହିଁ ରହିଥିବ
ଆବିଷ୍କାର କରିବାକୁ
ନିଜକୁ
କୋଉ ଦୋସର ଆଖିରେ ।

■

(ଝଙ୍କାର, ମେ ୧୯୯୬)

ଖାଁ ଖାଁ ଖରାବେଳ

ଗୁମ୍‌ସୁମ୍ ଅନ୍ଧାରରେ ସିଝିସିଝି
ମାଗିଦେଲି ଫର୍ଚ୍ଚା ଖରା ଟିକେ
(ମାଗିଥିଲେ ହୋଇଥାନ୍ତା ଆଞ୍ଜୁଳେ ଆଲୁଅ)
ଓଲଟ ବୁଝିଲ ରାମ
ଏକି ହେଲା, କୁଢ଼େଇଲ
ମୋ ଉପରେ ଯେତେ ଥିଲା ସବୁ
ଖାଁ ଖାଁ ଏଇ ଖରାବେଳ !

ଗଛବୃଛ କୋଠାବାଡ଼ି
ସବୁ ଫର୍ଚ୍ଚା ଦିଶେ
ସତେ ଯେହ୍ନେ ଚିକ୍ ଚିକ୍ ଜରିର ନଗର
ରାସ୍ତା କିନ୍ତୁ ଜଳିଯାଏ
ରାସ୍ତା ସବୁ ରଡ଼ ନିଆଁ
ଜୁଇର ଅଙ୍ଗାର
ରାସ୍ତା ସବୁ ବହିଯାଏ
ରାସ୍ତା ସବୁ ତରଳ ଅନ୍ଧାର ।

କ୍ଷୁରଧାର ଚାଲିବାର ପଥ
କହିଥିଲେ ମୁନି, ଋଷି, କବି
ପୁଣି କିଏ କହିଥିଲେ
ପଥଟା ଖସଡ଼ା
ଏଠି କିନ୍ତୁ ରାସ୍ତା ସବୁ
ଯୋଡ଼ା ଯୋଡ଼ା ଗୋଡ଼ଛନ୍ଦିବାର
ଆସଫାଲ୍ଟ ରାସ୍ତା ସବୁ ଆଉଟା ଆଉଟି
ରାସ୍ତା ସବୁ ଅଠାକାଠି ଅବା ଶବରର ।

ଖଇଫୁଟା ତରଳ ରାସ୍ତାରେ
ଫକ୍ ଫକ୍
ଡେଇଁ ଡେଇଁ
ଏକା ଏକା ଦୌଡ଼ିବାକୁ ହୁଏ
ଫକ୍ ଫକ୍
ଡେଇଁ ଡେଇଁ

ଏକା ଏକା ଦୌଡ଼ିବାକୁ ହୁଏ
ଗୋଟିକିଆ ବଣିପରି
ନିଛାଟିଆ ନିଃଶେଷ କ୍ଷେତରେ ।

ପିଲାବେଳେ ବୋଉ କହିବାର
ଶୁଣିଥିଲି, ଖରାବେଳେ ଆଖିବୁଜି
କିଛିକ୍ଷଣ ଯଦି ଶୋଇପଡ଼
ସଞ୍ଜ ଆସିବନି ଆଉ
ଆସିବନି ରାତିର ଅନ୍ଧାର
ଆସିବନି କୋକବାୟା
ଖରାବେଳ ଅଟ୍‌କିଯିବ ଖେଳ ପଡ଼ିଆରେ ।

ଫଁକ୍ ଫଁକ୍ ଡେଇଁ ଡେଇଁ
ଆଜି କ୍ଳାନ୍ତ ମନ ଓ ଶରୀର
ଶୋଇଗଲେ ଟିକେ ବୋଧେ
ଅଟକି ଯାଆନ୍ତା ଏଇ
ଖରାବେଳ
ଖେଳ ପଡ଼ିଆରେ ।

କିନ୍ତୁ ଇଏ ଖାଁ ଖାଁ ନିଃଶବ୍ଦ ନିର୍ଜନ
ରାସ୍ତା ଖାଲି
ରାସ୍ତା ଖାଲି
ରାସ୍ତା ଖାଲି
ରାସ୍ତା ଖାଲି
ଖାଲି ରାସ୍ତା ଯୋଜନ ଯୋଜନ ।

ଏବେ ବି ସରେଇ ଘର ଅଛି ବହୁଦୂରେ
ଫଁକ୍ ଫଁକ୍
ଡେଇଁ ଡେଇଁ
ଦୌଡ଼ିବାକୁ ହେବ ଏଠି
ଏକା ଏକା
ଖୁବ୍ ଏକା ଏକା
ଝାମ୍ପୁର ଏ ଜଳନ୍ତା ଅଙ୍ଗାରେ ।

■

(*'କ୍ରାନ୍ତିପଥ', ଏପ୍ରିଲ-ସେପ୍ଟେମ୍ବର ୧୯୮୬*)

ମୋର ଟିକେଟ୍‌ଟି କ୍ୟାନ୍‌ସେଲ କଲି

(ଆମେରିକା, ଜାପାନ୍ ଇତ୍ୟାଦି ଦେଶରେ ଚନ୍ଦ୍ରକୁ ଯିବାପାଇଁ
 କିଛିଲୋକ ଅଗ୍ରୀମ ଟିକେଟ୍ କାଟୁଥିବା ସଂବାଦ ପଢ଼ିବାପରେ...)

ମୋର ଟିକେଟ୍‌ଟି କ୍ୟାନ୍‌ସେଲ୍ କଲି
ହେ ସହ-ଚନ୍ଦ୍ର-ଯାତ୍ରୀ
ଏଇ ଧରଣୀରୁ, ଏଇ ମରୁଭୂରୁ
ଉପଭୋଗ ଟିକେ କରିବାକୁ ଚାହେଁ
ଜୋଛନା-ବିଧୂରା ରାତ୍ରୀ ।

ଦୂରୁ ଯାରେ ଦିନେ ଗୁରୁ ମୁଁ ବରିଲି
ପାଖରୁ ଦେଖିଲି ସେ ଏକ ଭଣ୍ଡ ଦ୍ରୋଣ
ଦୂରୁ ଯେ ଦିଶିଲା ସତୀ ସାବିତ୍ରୀ
ପାଖରୁ ଦେଖୁଛି, ହତ୍ୟା କରୁଛି
ନିତି ଅବୈଧ ଭ୍ରୂଣ ।

ଯା' ହାତେ ଦେଖିଲି କ୍ରାନ୍ତି ମଶାଲ
ପାଖରୁ ବୁଝୁଛି ସେ ମହାଭ୍ରାନ୍ତି ମୋର
ତୁଳସୀ ବଣର ବ୍ୟାଘ୍ର ଦେହରେ
ସାମ୍ୟ-ଏକତା ସ୍ଲୋଗାନର୍ ମେଷ ଛାଲ ।

ସତ୍ୟର ସେହି ବିଶ୍ୱରୂପରେ ଦେଖିବାକୁ ମୋର ଭୟ

ସତ୍ୟ ଦ୍ୱାରା ମୁଁ କ୍ଷତବିକ୍ଷତ
ସତ୍ୟାଭାସର ସେଇ ଅକ୍ଷତ
ଘନ ଅନ୍ଧାରେ ଏଣୁ ଗଢ଼େ ମୁଁ କୁଲାୟ ।
ଦୂର ପର୍ବତ, ଦୂର ଜଙ୍ଗଲ
ଦୂରର ମଣିଷ, ଦୂରର ଫସଲ
ଦୂରର ଧରଣୀ, ଦୂରର ଜହ୍ନ
ଛଳନାର ସେଇ ଆର୍କାଡ଼ିଆରେ ଶାନ୍ତି
ଦୂରର ସତ୍ୟ ଅଟେ ନିରାପଦ
ପାଖର ସତ୍ୟ ହିଂସ୍ର ଶ୍ୱାପଦ
ପାଖର ହୃଦୟ ବିରୂପ, ବିଦେହ, ଭ୍ରାନ୍ତି
ମହାଭ୍ରାନ୍ତି ମହାଭ୍ରାନ୍ତି ।

ଚନ୍ଦ୍ରକୁ ମୋର ଦୂରରୁ ଜୁହାର
କ୍ୟାନ୍‌ସେଲ୍ କଲି ଟିକେଟ୍‌ଟି ମୋର
ହେ ସହ-ଚନ୍ଦ୍ର-ଯାତ୍ରୀ
ଏଇ ଧରଣୀରୁ, ଏଇ ମରୁଭୂରୁ
ଉପଭୋଗ ଟିକେ କରିବାକୁ ଦିଅ
ଜୋଛନା-ବିଧୁରା ରାତ୍ରୀ ।

■

('ଝଙ୍କାର', ଅଗଷ୍ଟ , ୧୯୭୪)

ଗୁଡ୍ ଫ୍ରାଇଡ଼େର କବିତା

ପ୍ରଭାସ ଓ କ୍ୟାଲଭାରୀ, ମେମ୍ଫିସ୍ ଓ ବିର୍ଲାର ବଗିଚା
ବଲିଭିଆ, ହାନୋଇ ଓ କୋରାପୁଟ ମାଟି ରକ୍ତଭିଜା
ପ୍ରତିକ୍ଷଣେ ଜୀବନ୍ୟାସ ପାଏ । ସେଠି ଆଜି ବଢୁଛି ଏରକା
ପ୍ରତିହିଂସା ଓଏସିସ୍ କୂଳେ (କ୍ଷମା ଯେବେ ପାଲଟିଲା ଶୂନ୍ୟ ମରିଚିକା) ।

ପ୍ରେମ, କ୍ଷମା, ଅହିଂସାର ସମସ୍ତ ସନ୍ଦେଶ
ମେସିହାରେ ପ୍ରତିଶ୍ରୁତି - "କପଟ ରାତ୍ରୀର ହେବ ଏଇଠାରେ ଶେଷ"
ନିରର୍ଥକ ହେଲା, ଗୋଲ୍‌ଗାଥାର ଅନତି ଦୂରରେ
ଏବେବି ମରୁଛି ଯୀଶୁ, ଦଣ୍ଡାମାଳେ, ରାଜରାସ୍ତା ପରେ
ରକ୍ତବୀଜ ଫାରିସୀ ଏବେବି
କ୍ରୁଶ୍‌ହାତେ ଖୋଜୁଛି ଶୀକାରେ ।

ବୁଝିନି ନିର୍ବୋଧ ହାୟ, ଶିବ ମଧ୍ୟ ରୁଦ୍ର ହୋଇପାରେ
ସ୍ୱପ୍ନଗର୍ଭ ମରିପାରେ, ସ୍ୱପ୍ନ କିନ୍ତୁ ଅମର, ଅତନୁ
ଏକରୁ ଅନେକ ହୋଇ ଜନ୍ମନିଏ ଦଶଗୋଟି କୋଣୁ

ସତ୍ୟ ପାଇଁ, ଶିବପାଇଁ, ମୁକ୍ତିପାଇଁ ତା ଅତୃପ୍ତ ତୃଷା–
ନ ପୁରିବାଯାଏ ସେ ଲଢ଼ିବ ବିତୁ ପଛେ କୋଟି ବ୍ରହ୍ମନିଶା
ସିଏ ଏକ ବୋଧିସତ୍ତ୍ୱ ପ୍ରାଣ
ବନ୍ଦର ତା' ଶେଷ ଲକ୍ଷ୍ୟ
ତା ପୂର୍ବରୁ ଅସମ୍ଭବ ଅଟେ ତା' ନିର୍ବାଣ ।

ସେ ଡରେନି ତୁମର ଏ ରକ୍ତମୁଖା ଗୁଡ୍ ଫ୍ରାଇଡ଼େ
ସେ ଡରେନି ବୁଲେଟ୍ ବା କ୍ରୁଶ୍ ଅବା ନିଷାଦର ଶର
ତା ଶକ୍ତି ଦେଖିବା ଚାହଁ ?
ଆଗକୁ ଅନାଅ
ଆସୁଅଛି ଉଦଗ୍ର ଈଷ୍ଟର !

■

('ରାହାମା', ମାର୍ଚ୍ଚ, ୧୯୭୦)

ଗୋଟାଏ ଖୁଉବ୍ ନିଶୂନ୍ ରାତିର ସଲିଲକୀ

ହେଇଟି ଖୁଉବ୍ ଉପରେ...
ସେ ଗୋଇମୁହାଁ ଜହ୍ନଟା ବସି ଢୁଳଉଛି
ଆଉ ଆଖି ମଳୁଛନ୍ତି ସେଇ ଫାଜିଲ୍ ତାରା ଗୁଡ଼ାକ ।

ଯାଉଛି,
ରାତିର ଏଇ ଇଣ୍ଡିଗୋ ରଙ୍ଗର ସିଡ଼ିରେ
ଛପି ଛପି ଘୁଷୁରି ଘୁଷୁରି ଚଢ଼ିବି
ତା'ପରେ ଗୋଡ଼ ଚିପି ଚିପି ଯିବି
ଜହ୍ନର ପଛ ଆଡ଼ୁ, ନିର୍ବିକାର ମନରେ
ଧୀରେ ଧୀରେ
ଚିପିବାକୁ ଲାଗିବି ତା'ର ବେକଟାକୁ
ଠିକ୍ ଗୋଟାଏ ପାଣି ଭର୍ତ୍ତି ରବର ବେଲୁନ୍ ପରି
ଆଃ, କି ତୃପ୍ତି, କି ଆନନ୍ଦ
ତା'ର ସେହି ବହଳିଆ ମହମ ପରି
ମୁଲାୟମ୍ ବେକଟାକୁ ଚିପିବାରେ !

ତା' ପରେ...
ସେ ଫାଟିଯିବ
ଆଉ ମିଳେଇ ଯିବ ମୋ ଆଙ୍ଗୁଠିମାନଙ୍କ ସନ୍ଧିରେ
ସାବୁନ୍‌ର ଗୋଲ୍‌ଫେଣ ପରି ।

ତା'ପରେ ଆସ୍ତେ ଆସ୍ତେ
ପରସ୍ତେ ହସିବି
ଆଉ ଦଉଡ଼ି ଯାଇ ପୁଳାଏ ଲେଖାଏଁ ତାରାଙ୍କୁ ଘୋଷାଡ଼ି ଆଣିବି,
ଚିପୁଡ଼ିବି,
ଦାନ୍ତ ଚିପି, ମୁଠା ଭିତରେ ରଖି
ବିଚାରା ନିରିମାଖି –
ଘସରା ଗ୍ରାମୋଫୋନ୍ ପିନ୍ ପରି
ଚେଁ ଚେଁ ହେଉଥିବେ ଆଉ
ନିଗିଡ଼ି ଯାଉଥିବ ତାଙ୍କ ଦେହରୁ ରକ୍ତ
ନାଲି, ନେଳି ରକ୍ତର ସୁଅ....

ଓଃ ଏତେ ଶୁନ୍‌ଶାନ୍
କେହି କୁଆଡ଼େ ନାଇଁ
ବହୁତ ଜୋର୍ ଆସୁଛି ହାଇ
ଏ ଲମ୍ବାରାତି
ଆହୁରି ଏତେ ବାକି !

ତା ପରେ ପକେଟରେ ଭର୍ତ୍ତି କରିବି
ସେଇ ମଲା ଜହ୍ନଟାକୁ
ମଲା ତାରା ଗୁଡ଼ାଙ୍କ ସିଠାକୁ
ସେଇ ସିମେଣ୍ଟ ରଙ୍ଗର ବାଦଲ ଗୁଡ଼ାକ ଉପରେ
ଦଳି ଦଳି ନିଶ୍ଚିହ୍ନ କରିଦେବି ।

ତା'ପରେ,
ଗୋଟାଏ ଗୋଡ଼ ଦେବି ସିଡ଼ି ଉପରେ
ଆଉ ଗୋଟାଏ ଗୋଡ଼ ଦବା ଆଗରୁ
ଏଇ ସବୁ ଯାହା ଘଟିଗଲା ତା'ର ସ୍ମୃତିକୁ
ବିସ୍ମୃତିର ଅତଳ ଗର୍ଭକୁ

ମନରୁ କାଟି ଫୋପାଡ଼ି ଦେବି
ଗୋଟାଏ ଅଦରକାରୀ ଆପେଣ୍ଡିକ୍ସ ପରି ।

ଇଶ୍, ଏଡ଼େ ଶୁନ୍‌ଶାନ !
କେହି କୁଆଡ଼େ ନାଇଁ
ବହୁତ ଜୋର୍ ଆସୁଛି ହାଇ
ଏ ଲମ୍ବା ରାତି
ଆହୁରି ଏତେ ବାକି !

ବର୍ତ୍ତମାନ ରାତିର ସେଇ ଲମ୍ବାସିଡ଼ି ଛାତିରେ
ଖୁବ୍ ଗୋଟାଏ ତୃପ୍ତିରେ
ଗୋଟାଏ ରୋଲର୍ ପରି
ଗଡ଼ି ଗଡ଼ି
ବେଶ୍ ଆରାମରେ ତଳକୁ ଓହ୍ଲାଇବି ।

ଖୁବ୍ ଜୋର୍ ଆସୁଛି ହାଇ
ତଥାପି ରାତିଟା ସରିନାଇଁ... ।

("ଡଗର", ଚତୁର୍ବିଂଶ ବର୍ଷ, ୫ମ ସଂଖ୍ୟା, ନଭେମ୍ବର ୧୯୬୦)

ମା, ରମା, ରବର

ମା, ଏକ ନାଁ
ନିଛାଟିଆ ଅନ୍ଧାର ରାତିରେ
କୋକବାୟା ଡରେଇଲେ
ପାଟିରୁ ବାହରି ପଡ଼େ, "ମା'... ଆ"
ମା ଏକ ନାଁ ।

ରମା ଏକ ନାଁ
ରମା ଦିନେ ଝୁଅ ଥିଲା
ବଡ଼ ହେଇ ମା ହେଲା
ମା ହେଇ ଭୁଲିଗଲା
ଝୁଅ ବେଳ ନାଁ
ରମା ଏକ ନାଁ ।

ମା ନାଁ, ରମା ନାଁ
ଆଉ ଯେତେ ନାଁ ଭୁଲିବାର
ଭୁଲ୍‌ରେ ମନେ ପଡ଼ିଗଲେ
ଅବା ମନେ ରହିଗଲେ
ପୋଛିପାଛି ଲିଭାଏ ରବର ।

■

(*"ରାହାମା"*, ଏପ୍ରିଲ୍, ୧୯୭୦)

କୋକେଇ ଉପରୁ ସଂସାର ଦର୍ଶନ

ଆଗେ ମୋର ରାମ୍ ନାମ୍
ମାଲକଢ଼ା ଭାଇ,
ପଛେ ମୋର ଧାଇଁଛନ୍ତି
ଅରକ୍ଷିତ କିଛି
ପଇସା ଗୋଟାଇ।

ମୋତେ ନେଇ ଢାଳିଦେବେ
ସ୍ୟାହି ପରି ରାତିର ଅନ୍ଧାରେ
ମାଟିରେ ମୁଁ ସିପିଯିବି
ଅବା ବାଷ୍ପ ହୋଇ
ହଜିଯିବି ଶୂନ୍ୟ ଇଥରରେ ।

ତୁଠକାମ ସରିଯିବ
ଦେହ ଆଉ ଆଖି ସବୁ
ଶୁଖିଯିବ
ଲିଦିର ଜଳରେ
କଣା ଡଙ୍ଗା ପରି
ବୁଡ଼ିଯିବ ମୋର ଯେତେ–
ସ୍ମୃତି ଧୀରେ ଧୀରେ ।

ମଝିରେ ଚାଲିଛି ମୋର,
କା' ମୋର,

ଆଶ୍ରା ମୋର
ଅଥର୍ବ କୋକେଇ
ମୁଁ ଚାଲିଛି
ଶୋଇ ଶୋଇ ଚନ୍ଦନ ଚର୍ଚ୍ଚିତ
ବେକରେ ଗଜରାମାଳ
ମୁଁ ଶୋଇଛି ସତେ ଅବା
ରତିକ୍ଳାନ୍ତ ବର ଏକ
ବାସର ରାତିର ।

ଏବେ ମୋର ଆଗପଛ
ସବୁ ମିଛ, ସବୁ ଅର୍ଥହୀନ
ସବୁ ମୋର ଦୃଶ୍ୟରୁ ଅନ୍ତର
ଖାଲି ଯାହା ଦେଖାଯାଏ
ସୁନୀଳ ଆକାଶ ଆଉ
ମୋର ଖଣ୍ଟାଧାର–
ନାକ ଚାରିପଟେ
ନୃତ୍ୟରତ
ମୃତ୍ୟୁ ପରି କଳା କଳା
ଗୁଣ୍ଡିମାଛି ଦଳ ।

ମୁଁ ଚାଲିଛି ବରବେଶେ
ଦୋହଲି ଦୋହଲି
ଛାଏଁ ଛାଏଁ ମୋ ଦେହରୁ
ଝଡ଼ିପଡ଼େ ଅବିର ଓ ଫୁଲର ପାଖୁଡ଼ା
ଚହଲି ଚହଲି ।

ମଶାଣିକୁ ଛୁଇଁବା ଆଗରୁ
ଚହଲି ଚହଲି
ଗୋଟାପରେ ଗୋଟେ
ନାମ, ଧାମ, ଉପାଧି ମୋ

ଯଦି ଏହିପରି
ଝଡ଼ିପଡ଼େ ମଶାଣି ରାସ୍ତାରେ
ଲୋଭ ଆଉ ହେବ ନାହିଁ
ଲୁଚାଇବା ପାଇଁ ଏ କଲିଜା
ଜାମୁକୋଳି ଗଛ କୋରଡ଼ରେ ।

ଆକାଶ ହେବନି ଆଉ
ମୋ ଛାତି ଉପରେ
ପଞ୍ଝାମେଲି ଖସୁଥିବା
ଚିଲ କି ଶାଗୁଣୀ
ଆକାଶ ହେବ ନି ଆଉ
ଅପରେସନ୍ ଟେବୁଲର ଅଚେତ ରୋଗିଣୀ ।

ମୋର ଏଇ ଶୀତଳ ଶରୀର
ଆଲିଙ୍ଗନ କରିବ ମୋ
ପ୍ରିୟା ପରି ନଇଁ ଆସୁଥିବା
ନୀଳ ଏଇ ଉଷୁମ କମ୍ବଳ

ଅବା କର୍ଦ୍ଦମାକ୍ତ ବଦ୍ଧ ନୀଳ ଜଳୁ
ଉର୍ଦ୍ଧ୍ୱେ ଉଠି ମିଶିଯିବ
ନୀଳାକାଶେ
ଏକ ନୀଳୋତ୍ପଳ ।

(କଟକ, ମାର୍ଚ୍ଚ, ୧୯୯୦)

ମୁହୂର୍ତ୍ତର ଚାରିଛକି

ଏମିତି ବି ମୁହୂର୍ତ୍ତ ଆସେ
ଅବସୋସ ହୁଏ
ଜୀବନକୁ ଉପଭୋଗ କରିବାକୁ
ଜମା ଗୋଟାଏ ଜୀବନ ଅଛି ବୋଲି ।

ଏମିତି ବି ମୁହୂର୍ତ୍ତ ଆସେ
ହସମାଡ଼େ
ଫୁସ୍‌କରି ଜଳିଯାଇ ପାରୁଥିବା
ନିଆଁ ଲଗା ଜୀବନଟା
କୁହୁଳୁଛି ଗୁମୁରି ଗୁମୁରି ।

ଜୀବନ ଏକ ପୂର୍ଣ୍ଣତା
ଯାହା ତା'ର ଅପୂର୍ଣ୍ଣ ଅଙ୍ଗମାନେ
ଗଢ଼ାହେବାର ବହୁ ପୂର୍ବରୁ
ଗଢ଼ା ହୋଇଥାଏ ।

ଜୀବନ ଏକ ଭଙ୍ଗୁରତା
ଯାହା ତା'ର ସଂପୂର୍ଣ୍ଣ ଅଙ୍ଗମାନେ
ଝରିପଡ଼ିବା ପୂର୍ବରୁ
ମଡ଼୍‌ମାଡ଼୍ ଭାଙ୍ଗି ଯାଇପାରେ ।

ଜୀବନ କେବଳ
ସେଇଆକୁ ହାତଧରି ସାଥିରେ ନେଇଯାଏ
ଯାହା ଚଲାବାଟରେ ବାରମ୍ବାର ଆସେ
ମୁହୂର୍ତ୍ତର ଚାରିଛକି
ଯେଉଁଠୁ ଏକ୍ ସଙ୍ଗେ ଦେଖିହୁଏ
ସୂର୍ଯ୍ୟୋଦୟ ଓ ସୂର୍ଯ୍ୟାସ୍ତ
ମଧ୍ୟାହ୍ନ ଓ ମଧ୍ୟରାତ୍ରୀର ଏକାୟନ ।

ପୂର୍ଣ୍ଣ ଆଉ ପୂର୍ଣ୍ଣାଂଶର
ପରମ ମୈଥୁନ ।

■

(କଟକ, ମାର୍ଚ୍ଚ, ୧୯୯୦)

ଉତ୍କଳମଣି

(ଅଥବା ସେହିପରି ମହାପୁରୁଷମାନଙ୍କୁ)

ଗୋପବନ୍ଧୁ ଶତବାର୍ଷିକୀ ଉପଲକ୍ଷେ

ହେ କୁଣ୍ଠିତ ତପସ୍ୱୀ,
ହାଲୁକା ବେଲୁନ୍ ପରି ଆକାଶକୁ ଉଠିଯାଇ ପାରିଥିଲେ
ତମେ ହୋଇଥାଆନ୍ତ ଦେବତା
ବତୀଖୁଣ୍ଟ ପରି
ସ୍ଥିର ହୋଇ ଛିଡ଼ା ହୋଇ ପାରିଥିଲେ
ତମେ ବି ବୋଲାଉଥାନ୍ତ ମଣିଷ ।
ନାଁ ଆକାଶକୁ ଉଡ଼ିଗଲ
ନାଁ ମାଟି ଉପରେ ଥିର ହୋଇ ଛିଡ଼ା ହେଲ
ସେଇଥିପାଇଁ ତ ମହାତ୍ମା !

ଚଟାଣଠୁ କିଛି ଉପରେ
ଆଉ କଡ଼ି, ବର୍ଗାଠୁ କିଛି ତଳେ
ସେଇ ଅଧାସ୍ୱର୍ଗରେ ଉକୁଟି ହେବା...
ବାସ୍, ସେଇ ତମର ଉଚିତ ପ୍ରାୟଶ୍ଚିତ ।

ହେ ହାଫ୍‌ଟୋନ୍ ମହାପୁରୁଷ
ଏଇ ଚତୁଷ୍କୋଣୀ ଉଦ୍ଧତ ଖୁଆଡ଼
ଆଉ ତାର ପାଲିସ୍ କାଚ କାନ୍ଥ ଭିତରୁ
ତମର ସ୍ଫିଙ୍କ୍‌ସ୍ ଚାହାଣୀ
ଏ ମୋନାଲିସା ହସ–
ଦେଖିଲେ ମନକୁ କଣ ଆସେ କହିବି ?

ହେ ଦୁର୍ଲଭ କୃଷ୍ଣସାର,
ଇଚ୍ଛାହୁଏ.....
ସୁଆଣ୍ଡୋର ନିଛାଟିଆ ଦଣ୍ଡାମଝିରେ, ଅଥବା
ଦିକୂଳ ଖାଉଥିବା ନିର୍ଜନ ବ୍ରାହ୍ମଣୀ କୂଳରେ,ଅଥବା
ସେଇ ଛୁରୀଅନା ବଣର ଗୁହ ପଡ଼ିଆ ଭିତରେ
ପାଇ ଯାଆନ୍ତି କି,
ଗୋଟାପଣେ ଅକ୍ଷତ, ଜୀଅନ୍ତା
ଚମର ଦେହଟାକୁ
ଆଃ... ବିଶେଷକରି ଏଇ ଶତବାର୍ଷିକୀ ବର୍ଷ ଭିତରେ
କିଛି ନ ହେଲେ ବି ଯଦି ମିଳିଯା'ନ୍ତା
ସେଇ ଅରିଜିନାଲ୍ ଦାଢ଼ିରୁ କେରାଏ
ସେ ଖଦି କାନିରୁ ଚାଖଣ୍ଡେ
କି ସେ ଟାୟାର୍ ଚପଲରୁ ପଟେ... !

ମୋର ଏଇ ଦିବାସ୍ୱପ୍ନକୁ
ଫାଜିଲାମୀ
ଅଥବା ବ୍ଲାସ୍‌ଫେମୀ
ଯାହାକୁହ,
ମୋର କିନ୍ତୁ ଦୃଢ ବିଶ୍ୱାସ
ଥରେ ଯଦି ବିଚାର କରି ଦେଖିବ,
ଦେଶର ବିଂଶସୂତ୍ରୀ ପୁନର୍ନିର୍ମାଣ ପାଇଁ
ଆଜିର ଜରୁରୀ ଆହ୍ୱାନ
ଥରେ ଯଦି କାନପାତି ଶୁଣିବ,
ତେବେ ବୁଝିବ
ଦେଶର ସ୍ୱରାଜ୍ୟପଥେ ଯେତେ ଗାଡ଼
ତାକୁ ଭରିବା ପାଇଁ ଯଥେଷ୍ଟ ନୁହେଁ
ତୁମର କେଇ କେଜି ମାଂସ ଆଉ ହାଡ଼
ବରଂ ସେଥିପାଇଁ ଦରକାର ଗଦା ଗଦା
ନିଦା ଫରେନ୍ ଏକ୍ସଚେଞ୍ଜ ।

ଯାହା ଆଣି ପାରୁଛି ବୁଦ୍ଧଙ୍କ ଦାନ୍ତ,
ହଜରତ୍‌ଙ୍କ ବାଳ,
ବାପୁଙ୍କ ତଉଲିଆ
ଅଥବା ଡୋଙ୍ଗ୍‌ରାକ୍‌ର କୋପ୍ରେ ।
ହେ କ୍ୟୁରିଓ ମହାତ୍ମା,
ସତ୍ୟକୁ ପିଠିକରି ଠିଆ ହୁଅନା
କଡ଼ି, ବର୍ଗା ଉପରକୁ ଆପେ ଆପେ ଉଠିବାର
ଆସ୍ପର୍ଦ୍ଧା କରନା
ତଳକୁ ଖସିଆସ
ମଣିଷ ହୁଅ ।

ଏବଂ ଯଦି କେବେ
ଉପରକୁ ଯିବାପାଇଁ ଇଚ୍ଛାହୁଏ
ଆମେ ଅଛୁ ।
ଆମେ ଅଛୁ
ତୁମର ସେବାଦାସ
ସ୍ତୁତିଦାସ
ଶତଶତ ଗୁଣମୁଗ୍ଧ ମଙ୍ଗଳଚଣ୍ଡିଆ ।

ଆମ କାନ୍ଧରେ ଭରାଦିଅ
ଏବଂ ଲମ୍ଫଦିଅ
ଉଠିଯିବ ସଂପୂର୍ଣ୍ଣ ଉପରକୁ
ଭାରଶୂନ୍ୟ ସଂଶୟାତ୍ମା ମହାକାଶଚାରୀଙ୍କର
ସପ୍ତମ ସ୍ୱର୍ଗର
ବହୁତ ଉପରକୁ ।

■

(କଟକ, ଡିସେମ୍ବର, ୧୯୭୬)

ଧୂମାବତୀ

ମୁଁ ତାହାକୁ ଖୋଜିନାହିଁ ବିଦିଶା ନଗରେ
ଲବଙ୍ଗ ଦ୍ୱୀପରେ ଅବା ନୀଳନଦୀ କୂଳେ
କାରଣ ସହଜଭାବେ ପ୍ରାୟ ପ୍ରତିଦିନ
ତା ସଙ୍ଗରେ ଭେଟ ହୋଇଯାଏ
ବାଲୁ ବଜାରରେ ।

ମନଦୁଃଖ ହେଲେ ରାଜଜେମା
ବଜାନ୍ତି ସୀତାର
ସିଏ କିନ୍ତୁ ରାମ୍ପେ ବସି ତା'ର
କୋରଗାତ ମଇଁଷିଆ ଯାଦୁକୁ ସଜୋରେ
ଆନନ୍ଦ ମିଳଇ ଯେଣୁ ରକ୍ତ ଝରିବାରେ ।

ଚିତ୍ରରଥ କବଳରୁ ସଞ୍ଚି ରାଉତରା
ଯା'କୁ ଉଦ୍ଧରିଲେ
ଗୁରୁ ମହାନ୍ତିଙ୍କ ଢିଲା ପାଇଜାମା
ଅମରାବତୀରେ
ଗର୍ଭବତୀ ଯିଏ ହୋଇଥିଲା
ରମାକାନ୍ତ ରଥଙ୍କ ବହିରେ ଅବା
କଲେଜର ପରିସ୍ରାଗାରରେ
ଯେ ଝିଅର ନାମ ଲେଖା ଥିଲା
ସାହାଲା ସାହାଲା ଶାଢ଼ୀ
ବ୍ଲାଉଜ ଓ ବ୍ରା-ଆ'ର
ଅଳିନ୍ଦ, ଦେହଳୀ ଟପି
ଯା'ର ଅନ୍ତଃପୁର
ଠାବ କରାହୁଏ
ଏ ନୁହେଁ ସେ,
ଏ ନୁହେଁ, ଏ ନୁହେଁ ।

ବିବସନା, ସେ ରହସ୍ୟହୀନା
ଖୋଲା ଫର୍ଦ୍ଦ ଏକ
ଉଡ଼ି ଯାଉଥିବା ଏହି ଖଲିପତ୍ରପରି ।
ଉଲଙ୍ଗ ଏ ମହାବିଦ୍ୟା, ଅଯୋନୀ ସମ୍ଭବା
ନାହିଁ ନାମ, ନାହିଁ ବି ଠିକଣା
କାହୁଁ ସେ ଆସିଲା ପୁଣି କାହିଁ ଯିବ
ନାହିଁ କାରେ ଜଣା ।

ନର୍ଦ୍ଦମା ଦାଢ଼ରେ ବସି ପତର ଗଦାରୁ
ପଲଉ ମାଉଁସ ସିଏ ଖୁଣ୍ଟୁଥାଏ
ଅବା ଏକ କୁତି ପରି କା' କାନ୍ଥ କଡ଼ରେ
ଠିଆ ଠିଆ ମୁତୁଥାଏ ଅବା
ଡଷ୍ଟବିନ୍ ପେଟକୁ ଆଉଜି
ହାଓ୍ୱା ଖାଉଥାଏ ।

ଆକାଶରେ ପଡ଼େ ଯେବେ ରାତିର ସଟର୍
ନିଶବଦ ହୁଏ ଯେବେ ଶବ୍ଦର ବଜାର
ସର୍‌ମନ୍, କୀର୍ତ୍ତନ ସବୁ ଯେବେ ଇଥରେ ମିଳାଏ
ପାଦ ତାର ଚାଲେ ଗେଣ୍ଡାପରି
ଘୁଷୁରି ଘୁଷୁରି
କିଲଟରୀ ବରଗଛଯାଏ ।

ଜଙ୍କ୍ ଲଗା ଟିଣ ଡବା, ଚେପଟା ତାଟିଆ
ଏବଂ ତା'ର ଦଦରା ଯୋନିକୁ
ଗଛମୂଳେ ଫିଙ୍ଗିଦେଇ ଫାଁ ଗାଳି
ପଡ଼ିଯାଏ ନିଘୋଡ଼ ନିଦରେ
ତାପରେ ଆସିଲା କିଏ ଅବା କିଏ ଗଲା
ପଇସା କିଏ ସେ ଦେଲା ଅବା କିଏ ଛତର ଖାଇଲା
ସେ ରଖେନି ସେ ସବୁର ହିସାବ ନିକାଶ

ନିର୍ଜୀବ ସୁଡ଼ଙ୍ଗ ପରି
ପଡ଼ି ରହି କାନ ପାରିଥାଏ
କେତେବେଳେ ରାତି ହେବ ଶେଷ ।

ରାତିପରେ ରାତି ଆସେ
ଦିନପରି ରାତିହୁଏ ଶେଷ
ଦିନ ଆଉ ରାତିର ଅନ୍ଧାର
ଠେଲା ପେଲା ଲାଗେ
କିଏ ହେବ ଆଗ ସୁନା ପାଗ
ଯେଉଁ ପରି ଦାତାରାମ୍ ଧରମଶାଳାରେ
ଠେଲି ପେଲି ଲାଇନ୍‌ରେ ଆଗେ ଠିଆ ହେଲେ
ସକାଳ ବଇନି ତା'ର ହେଇଥାଏ
କିଛି ଡାଲ୍‌ମା, କିଛି ଖେଚଡ଼ିରେ ।

ପେଟ ପୁରିଗଲେ ପୁଣି
ଡଷ୍ଟବିନ୍ ପେଟକୁ ଆଉଜି
ଦେଖେ ସିଏ ପୃଥିବୀର ଖେଳ
ତା' ଆଖି ପୁଅରେ ପଡ଼େ
ଯେତେ ଛବି
ଗଛ ବୃଛ, ମଣିଷ, ମଟର
ତା' କାନରେ ପଡ଼େ ଯେତେ
ଉପାଦେୟ ଭାଷଣ, ଚିତ୍କାର
ଉଲ୍କାପରି ତା' ଭିତରେ ଲମ୍ଫ ଦିଏ,
ତା ଭିତର ଅଜଗର ଅତଳ ଅନ୍ଧାର
ଆଖି ପିଛୁଳାକେ ଚାଟିଦିଏ
ସବୁ ଦୃଶ୍ୟ, ସବୁ କୋଳାହଳ ।

ଶ୍ୱେତାଙ୍ଗ ଟୁରିଷ୍ଟ କେହି
ଯଦି ତା'ର ଫଟୋ ତୋଳିନିଏ

ହାତେ ଧରି ନୋଟ୍ ବହି
କେହି ଯଦି ଜାଣିବାକୁ ଚାହେଁ
ପୂର୍ବଜନ୍ମେ ସେ ଥିଲା କି ପ୍ରତିମା ନାୟକ
ଅବା ଥିଲା କ୍ରୀତଦାସୀ ରୋମ୍ ନଗରୀର
ଟେପ୍ ରେକର୍ଡ଼ର ଧରି କେ ଯଦି ପଚାରେ
ଦାରିଦ୍ର୍ୟ ଓ ଭିକ୍ଷାବୃତ୍ତି ଉପରେ ତା' ମତ
ହଳଦିଆ ଅଘଷା ଦାନ୍ତକୁ
ଖୁଣ୍ଟୁଖୁଣ୍ଟୁ ସିଏ ହସିଦିଏ
ଏବଂ ଲମ୍ବିଆସେ ଧରାବନ୍ଧା ସଂକ୍ଷିପ୍ତ ଉତ୍ତର
ଧରାବନ୍ଧା ଗୋଟିଏ ଫରମାୟସ୍
"ବାବୁ, ଭାତ ଦେଏ,
ନଇଲେ ଗୋଟାଏ ଦଶ୍ ।"

ସେଇ ତାର ଫରମାୟସ୍, ସେଇ ଫରିଆଦ୍
ସେଇ ତାର ଷ୍ଟେଟ୍‌ମେଣ୍ଟ୍, ସେଇ ପ୍ରତିବାଦ
ସେଇ ତାର ପ୍ରଶ୍ନ ଆଉ ସେଇ ତା' ଉତ୍ତର
ସେଇ ତା ଯାଚଞ୍ଚା ପୁଣି ସତେ ଅବା
ଜନ୍ମ-ଅଧିକାର
ସେଇ ତା'ର ଏକମାତ୍ର ପ୍ରେମ, ସ୍ୱପ୍ନ
ଏକଇ ସ୍ଲୋଗାନ୍
ସିଏ ନୁହେଁ ବାଗେଶ୍ୱରୀ ଅବା ଶାକମ୍ଭରୀ
ସିଏ ଧୂମାବତୀ
ସାଧୁ ସାବଧାନ ।

କଟକ, ଏପ୍ରିଲ୍ ୧୯୭୮
('ଗିରିଜା' ଏପ୍ରିଲ-ଜୁନ୍, ୧୯୮୫)

ଦାରୁ

ଆକାଶରୁ,
ଝଡୁଥିଲା ଫିକା ଜହ୍ନର
ସଫେଦ୍ ଅଳନ୍ଧୁ
ତଳେ ମହାସିନ୍ଧୁ । ନିସ୍ତରଙ୍ଗ
ଝାପ୍‌ସା ଝାପ୍‌ସା ଅନ୍ଧାର,
ଢେଉ-ମଇଳାର ଫେଣ,
ଝାଉଁ ବଣରେ ଲାଞ୍ଚପିଟି
ଗଡୁଥିବା ମୁମୂର୍ଷୁ ପବନ, ଗୁଳିବନ୍ଧ
ସମୁଦ୍ରର ଅନ୍ତିମ ଗର୍ଜନ
ଆଉ ସମୁଦ୍ର ମଝିରେ
ଭାସମାନ,
ସେଇ କୃଷ୍ଣକାୟ ଦାରୁ ।

କୃଷ୍ଣକାୟ
ସେଇ ଶବର ରଜାର
ମୃତ ତରୀର
ଦାରୁ ।
ମୃତ ପରମେଶ୍ୱରଙ୍କ ଜୁଇର
ଦରପୋଡ଼ା ଦାରୁ
ଅଥବା
ବଢ଼ି ପାଣିରେ ଭାସି ଆସିଥିବା
କାହା ଘରର ମଝିଖୁମ୍ବ ।

ସାହାହୀନ, ସଖାହୀନ
ଚେରଶୂନ୍ୟ ଅଥର୍ବ ଦାରୁ
ଭିତରେ ଯା'ର ମୃତ
ଓଦାମଞ୍ଜି
ଓଦା ମୃତ ଫେଣ, ଶାମୁକାର
ଟାଣ ଆସ୍ତରଣ ।

ସବୁ ସୁପ୍ତ ସବୁ ମୃତ
ଏକା ଘୁଣପୋକ ଛଡ଼ା
ସବୁ ଅନ୍ଧାର, ସବୁ ନିଶ୍ଚଳ
ଏକା ଜହ୍ନର ଅଳନ୍ଧୁ ଛଡ଼ା
ସବୁ ନିର୍ବାକ, ସବୁ ନିରୁତ୍ତାପ
ଏକା ଝାଉଁ ବଣର ଦୀର୍ଘଶ୍ୱାସ ଛଡ଼ା
ସବୁ ତରଳ, ସବୁ ବହମାନ
ବାକି ଖାଲି
ଏଇ ଭାସମାନ
ଦାରୁ ।

ଘୁଣଖିଆ
ଦାରୁ
ଫିକା ଜହ୍ନର
ଦାରୁ
ଝାଉଁବଣର
ଦାରୁ
ତରଳ, ନିସ୍ତରଙ୍ଗ
ଦାରୁ
ସ୍ଥାବର, ଭାସମାନ
ଅଥର୍ବ
ଦାରୁ ।

ହେ ଦ୍ରୁହିଣ, ନମସ୍କାର କର୍
ତୋର ସବୁ ଗର୍ଜନ
ସବୁ ଦୀର୍ଘଶ୍ୱାସ
ସବୁ ଅଳନ୍ଧୁ,
ଖଣ୍ଡ ଖଣ୍ଡ ଝଡ଼ି ପଡୁଥିବା
ତୋ'ର ଘୁଣଖିଆ
ଅହଂର କଫିନ୍
ତୋର ନିହତ ପୌରୁଷର ମମି
ଏଇ ଦାରୁ
ଅପୌରୁଷେୟ ଅଯୋନିସମ୍ଭବା
ପୁରୁଷୋତ୍ତମ
ଏଇ ଦାରୁ ।

ହେ ଜରତ୍‌କାରୁ, ବିଶ୍ୱାସ ରଖ୍
'ଅଛି-ଅସ୍ତି', 'ଅସ୍ତି-ଅଛି',
ହେ ଶବର, ଭରସା ରଖ୍
ସା'ପକ୍ଷୀ ଫେରିବ ତୋ ଘର,
ହେ ଧୀବର, ତୋଳି ଆଣ୍
ଛାଣି ଆଣ୍,
ହେ ବିଶ୍ୱକର୍ମା,
ଲଗା ତୋ ନିହାଣ,
ବିଦ୍‌ରୂପ, ବିଭଙ୍ଗ କର

ବିପ୍ରବୁଦ୍ଧ କର୍ ।

ତେନ ଗଚ୍ଛ ପରସ୍ତରମ୍ ।

■

('କୈବଲ୍ୟ, ୧ମ ବର୍ଷ,୩ୟ ସଂଖ୍ୟା, ରଥଯାତ୍ରା ବିଶେଷାଙ୍କ, ୧୯୮୧)

ସ୍ମୃତି - ୧

ପଛକୁ ବୁଲି ଚାହିଁବା ଅସମ୍ଭବ
ଆଗକୁ ଉହୁଙ୍କି ଚାହିଁବା ଅସମ୍ଭବ
ତୋ'ର ସ୍ମୃତି ମୋ ପାଇଁ
ଏକ ଅସହ୍ୟ ଆତଙ୍କ ପରି
ନଛୋଡ଼ବନ୍ଧା ବର୍ତ୍ତମାନ ।

ତୋ'ର ସ୍ମୃତି
ଏକ ନିଃଶବ୍ଦ ଭୀମ ରଡ଼ି
ସାମ୍ନାରେ ବସିଥିବା ବାଘସହ
ଆଖିର ଲଢ଼ାଲଢ଼ି ।

■

(କଟକ, ଅଗଷ୍ଟ, ୧୯୯୦)

ଆତ୍ମହତ୍ୟା କରିବାର ଏକ ସୂକ୍ଷ୍ମ ଉପାୟ

ଗଛଟିଏ ହେଇ ପାରିବ ?
ବରଗଛଟିଏ ?
ଯେଉଁଥିରୁ ଖାଲି ଉପରକୁ ଗୋଡ଼ ଟେକି
ବାଦୁଡ଼ିମାନେ ଓହଳି ନଥିବେ
ତଳକୁ ଗୋଡ଼ କରି
ଓହଳମାନେ ବି ଝୁଲୁଥିବେ ।

ଫାଶୀଦିଆ ବରଗଛହିଁ ଜାଣେ
ଆତ୍ମହତ୍ୟାର ସୂକ୍ଷ୍ମ ଉପାୟ
ଶୂନ୍ୟରୁ ଝୁଲୁଥିବା ପାଦମାନେ ଯେଉଁଠି
ଛଟପଟ ହେଉଥାଆନ୍ତି,
ମାଟି ଆଡ଼କୁ
ଓଟାରି ହେଉଥାଆନ୍ତି,
ଚେର ବାନ୍ଧି
ଗୋଟିଏ ଗୋଟିଏ
ଗଛ ହେବାକୁ ।

■

(କଟକ, ସେପ୍ଟେମ୍ବର, ୧୯୯୦)

ସ୍ମୃତି - ୨

ସ୍ୱପ୍ନସବୁ ଠକ୍‌ଠାକ୍ ଟଳି ପଡୁଥିଲେ
ଯେଉଁପରି ଜରାନିବାସରେ
ଚାଲିଯା'ନ୍ତି ଡକାଡକି ହୋଇ
ବୁଢ଼ାମାନେ ଗୋଟାପରେ ଗୋଟେ ।

ସ୍ୱପ୍ନ ସବୁ ଥପ୍ ଥପ୍
ଇଡ଼ି ଯାଉଥିଲେ
ଯେଉଁ ପରି ଦାମୀ ତେଲ
ଫୁଟା କେଉଁ ରେଳ ୱାଗନରୁ
ନିଛାଟିଆ ସୀମାହୀନ ରେଳ ଧାରଣାରେ ।

ଉପରକୁ ଉଠୁଥିଲେ
ଅସହାୟ ହାତ ସବୁ
ଛତୁ ହୋଇ ଛିଣ୍ଡା ଅଖା
ପାଲଗଦା, ଘୁଣଖିଆ
କାଠଫାଟଳରୁ ।

ନିଃଶବ୍ଦ ଏ ନିଃଶେଷ ରାତିରୁ
ଶେଷ ବୁନ୍ଦା ଥପ୍ କରି ଝରି ପଡୁଥିଲା
ଝରି ପଡୁଥିଲା ହୋଇ
ସଫେଦ୍ କାକର,
ଛତୁ ପରି
ଛନ୍ ଛନ୍
ମୁଲାୟମ୍ ସଫେଦ୍ ହସର
ସଫେଦ କାକର ।
■■■

(କଟକ, ଡିସେମ୍ବର, ୧୯୯୦)

ମିଛୁଆ ଗାଈଆଳ ଟୋକା ମଲା ପୂର୍ବରୁ ଗାଇଥିବାଗୀତ

ଗାଈକୁ ମୋ ବାଘ ନେଇଗଲା – ବାଘ ନେଇଗଲା – କିଏ ଅଛ –
ରକ୍ଷାକର – ରକ୍ଷାକର – ଧାଇଁ ଆସ ବୋଲି
ହୁରି ପକାଇଲି । ଠେଙ୍ଗା, ବାଡ଼ି, ଭାଲା, ବର୍ଚ୍ଛା ଧରି
ଆସିଥିଲ ଗାଁ ସାରା ଉଠି
ଦୁଇ ଦୁଇ ଥର
ଧନ୍ୟବାଦ ।
ଧନ୍ୟବାଦ ॥ (ଘୋଷା)

ଏଥର ବା ଆସନ୍ତ କିପରି
ଯେତେବେଳେ ମୋର ଅପବାଦ
ବଗୁଲିଆ, ମିଛୁଆ ମୁଁ ଭଣ୍ଡାଉଛି ଏଠି ଛଟାଗାଳି ।

ଭଲ କଲ, ଭଲ କଲ
ନ ଆସିଲ ଭଲ କଲ
ଏବେ ମୋର ଇଚ୍ଛା ପୂର୍ଣ୍ଣ ହେଉ
ବାଘ ମୋତେ ଖାଉ ।

ମିଛେ ହୁରି ପକାଇଲି
କାରଣ ମିଛରେ
ଆତଯାତ ମାୟାବୀ ଈଶ୍ୱର

ମିଛେ ଆତଯାତ ବ୍ରହ୍ମା
ବିଶ୍ୱକର୍ମା ପୁଣି
ଯେତେକ ଆବର
ଗଢ଼ନ୍ତି, ଫାନ୍ଦନ୍ତି ଅବା ମୁହେଁ ରଙ୍ଗବୋଳି
ବୋଲାନ୍ତି ଈଶ୍ୱର ।

ସଂସାରଟା ଛଟାଗଲା
ମିଛବାଘ, ମିଛ ଗାଈ, ମିଛରେ ଚିତ୍କାର ।
ସଂସାରଟା କୁତୁରୁ କାଳିଆ
ବୁଦ୍‌ବୁଦ୍ ଠୋଠା ସୁଖ କ୍ଷଣକର ।
କ୍ଷଣିକ ଆନନ୍ଦ ପାଇଁ ଈଶ୍ୱର ଗଢ଼ନ୍ତି
ସଂସାର କାକର,
ଈଶ୍ୱରଙ୍କୁ ଗଢ଼ିଥାଏ
ବାଉଁଶରେ ନଡ଼ାବାନ୍ଧି
ମାଟି କାରିଗର ।

ପାଇବାକୁ ହାତତାଳି ଅବା ଦେଖିବାକୁ ମଜା
ଲୀଳାମୟ କରିଥାନ୍ତି ଲୀଳା
କେହିକେହି ହାତେ ଧରି
ବାଦ୍ୟ ଅବା କଲମ, ନିହାଣ
ନାଚିଥାନ୍ତି ହୋଇ ଗୋଟିପିଲା ।
ଈଶ୍ୱରଙ୍କ ପରି ମୋତେ ଲାଗିବାରୁ ଏକା
ଶୂନ୍‌ଶାନ୍ ଜଙ୍ଗଲରେ
ନାଟ କରିଥିଲି
ଗାଈକୁ ମୋ ବାଘ ନେଇ ଗଲା.... ଧନ୍ୟବାଦ ।

ଏବେ କିନ୍ତୁ ଧର୍ମଛାଡ଼୍
ଭାରି ବ୍ୟସ୍ତ ଲାଗେ
ଭାରି ବି ଚିକିଟା

ଛଟାଗଲା, ଭେଲିକି ଓ ଭାନୁମତି ଖେଳର ପୃଥିବୀ
ପ୍ରପଞ୍ଚର ମାୟାମଞ୍ଚ ଚୁନ୍‌ଚୁନା କରି
ପରସ୍ତ ପରସ୍ତ ରାତି ବନସ୍ତ ପହଁରି
ମୁଁ ଉଠୁଛି ପର୍ବତ ଶିଖରେ
ଆଉ ଥରେ ।

ସାଥିରେ ମୋ ଧେନୁ ନାହିଁ
ହାତେ ନାଇଁ ପାଞ୍ଚଣ ବନ୍ଧୁକ
ମୁଖେ ମୋର ଶବ୍ଦ ନାହିଁ
ଖପୁରୀରେ ନାହିଁ ବି ନାଟକ ।
ଆଜି ମନ ଛଟପଟ
ଛୁଇଁବାକୁ ପର୍ବତର ଚୂଳ
ଯେଉଁଠି ଅପେକ୍ଷା କରେ
ସତ ବାଘ
ବାଘର ସେ କ୍ଷୁଧିତ ଗହ୍ୱର ॥

ପର୍ବତରେ ଯାହା ମିଛ
ଗାଆଁକୁ ତା ଲାଗୁଥିଲା ସତ
ପର୍ବତରେ ଯାହା ସତ, ହାୟ
ଗାଆଁକୁ ତା ମିଛ ଅପ୍ରମିତ

ଭଲକଲି, ଭଲ ହେଲା, ଭଲ କଲ
ଗାଈକୁ ମୋ ବାଘ ନେଇ ଗଲା..... ଧନ୍ୟବାଦ ।

ଉଠୁ ହାଟ,
ଖୁଚୁରା ବଜାର
ଖୁଚୁରା ଈଶ୍ୱର ଯହିଁ
ରଚୁଥାନ୍ତି ଖୁଚୁରା ସଂସାର
ଫୁଲଗଛ ମରୁ ପଛେ

ଗପ ଆଜିସରୁ
ସରୁ ଗପ ଆଗ
ଝଡ଼ି ପଡୁ ଫଡ଼ା ଫଡ଼ା ଚିତ୍ରବାଘ
ଟୁଆଁ ଟୁଇଁ ବାଘ ।

ନିର୍ବାକ୍ ଏ ପର୍ବତ ଶିଖରେ
ଦୂରନ୍ତ ଏ ଭୀମରଡ଼ି
ହୋଇଥିବ ଯଦି ସିଏ ସତ
କରୁ ଆତ୍ମସାତ
ମୋର ଏଇ ମିଛ ହୁରି
ମିଛ ନାଟ
ମିଛର ଶରୀର ।
ହୁଏ ମୁହିଁ ବାଘମୟ
ହୁଏ ପୂର୍ଣ୍ଣ, ସତ ଏକ ବାଘ ।

ହେବିନି ବାଉଳା ଆଉ
କହିବି ନି "ବାଘ ଖାଇଗଲା"
ବଉଳା ମୁଁ କରୁଛି ପ୍ରାର୍ଥନା
ମୋତେ ପଛେ ବାଘ ଖାଉ
ଗାଁ ଜାଣୁ
ସତ୍ୟ ରକ୍ଷା ହେଲା ।
ମୋତେ ପଛେ ବାଘ ଖାଉ
ଗାଁ ଜାଣୁ
ସତ ସତ ଏଠି ବାଘଥିଲା ।
ଭଲ କଲି, ଭଲ ହେଲା, ଭଲ କଲ
ଗାଈକୁ ମୋ ବାଘ ନେଇ ଗଲା..... ଧନ୍ୟବାଦ ।

■

କଟକ, ସେପ୍ଟେମ୍ବର, ୧୯୮୭
("ଝଙ୍କାର", ୪୪ଶ ବର୍ଷ, ୫ମ ସଂଖ୍ୟା, ମେ, ୧୯୯୨)

ଭଲ ଗପ / ସତ ଗପ

(ଗାଳ୍ପିକ ବନ୍ଧୁ ସ୍ୱର୍ଗତ ବୀରେନ୍ଦ୍ର ମହାନ୍ତିଙ୍କ ଅକାଳ ଏବଂ ଆକସ୍ମିକ ବିୟୋଗରେ)

ଲଥା ନଥାଏ
କି କଥାଣି ନଥାଏ
ଭଲ ଗପ ସବୁ ଏମିତି
ହଠାତ୍ ସରିଯାଏ ।

ଭଲ ଗପ ସବୁ
ଜଙ୍ଗଲି ରାସ୍ତା ପରି
କୋଳାହଳ ଭିତରେ ବି
ଏମିତି ନିର୍ଜନ
ଫୁଲଝରି ପରି
ଫୁସ୍ କରି ଜଳି ଯିବାକୁ
ଏମିତି ସବୁବେଳେ ହମହମ ।

ସର୍କସର ସେଇ ସବା ଉଚ୍ଚା ଦୋଳିରୁ
ପ୍ରତିଦିନ ଠିକ୍ ସମୟରେ
ହାତଛାଡ଼ି ଝୁଲୁଥିବା
ସେ ଝିଅଟି ପରି
ଭଲ ଗପରେ
ତୁହାକୁ ତୁହା
ଉତ୍କଣ୍ଠା ଫେରେ
ମୃତ୍ୟୁସହ ନିବିଡ଼
ଓଲଟ ରତିରେ ।
ଭଲ ଗପ ସତେ
ଏତେ ସାଦାସିଧା, ସହଜ ସରଳ
ବେଳେ ବେଳେ ମନେହୁଏ

ମୁଁ ବି ଚାହିଁଲେ ଫୁଟାଇ ପାରିବି
ଭଲ ଗପର ଫୁଲ ।
କିନ୍ତୁ ହତାଶ ହୋଇ
ଗୁମ୍ ମାରି ବସିଥିବା ବେଳେ
ତୁମ କଥା ମନେପଡ଼େ
ଖୁବ୍ ମନେପଡ଼େ ।

ସତେ କି ତୁମ ଥଣ୍ଡାହାତରେ
ପିଠିକୁମୋର ଥାପୁଡ଼େଇ
ସବୁଦିନ ପରି ହିମ୍ମତ ଦେଇ
ସେଇ ଚାପା ଚାପା ହସ ଆଉ
ମିଠା ମିଠା ନାଟୁଆ ସ୍ୱରରେ
କହ,
"ରବି, ଭଲ ଗପଟାଏ
ଲେଖିବା କ'ଣ ସତରେ କଷ୍ଟକର ?
ବେଟ୍‌ମାର,
ଚାହିଁଲେ ତମେ ବି ଭଲ ଗପଟାଏ ଲେଖିପାର ।"

ଜାଣେ,
ତୁମର ଏ ମିଛ ଆଶ୍ୱାସନା
ପଛରେ ଥାଏ ଏକ
ସତ ପ୍ରଚୋଦନା ।
ଭଲ ଗପଟାଏ ଲେଖିବା
ସତରେ କଷ୍ଟକର ନୁହେଁ
ଖାଲି ଯାହା
ସାହସ ଦରକାର
ତୁମ ପରି ନିଜକୁ
ଭଲ ଗପଟାଏ କରି ପାରିବାର ।

('ଝଙ୍କାର' ୪୩ଶ ବର୍ଷ, ବିଷୁବ ବିଶେଷାଙ୍କ, ୧୯୯୧)

ଏ ବୃକ୍ଷ ନୁହଇ କାହାର

ବୃକ୍ଷ ଚାଲେ,
ପଥେ ଛାଡ଼ି ଛାୟା ଓ ପଥିକ
ଛାୟା ଆଉ କୃତଜ୍ଞ ପଥିକ
ତା ପାଇଁକି ଆଜି ଉପଦ୍ରବ
ଯେଉଁପରି ତା' ଫଳକୁ ଟେକା ମାରୁଥିବା
ବାଲୁଙ୍ଗା ଟୋକାଏ ଅବା
ତା ଫୁଲକୁ ଅଙ୍କୁଶରେ ଟାଣୁଥିବା
ମନ୍ଦିର ପୂଜକ ।

ବୃକ୍ଷ ଚାଲେ,
ପଛେ ଛାଡ଼ି
ଚେର ଆଉ ମାଟି ଓ ଆକାଶ
ଚେର ଆଉ ପରିଚିତ ମାଟି ଓ ଆକାଶ
ତା ପାଇଁକି ଆଜି ତ୍ୟାଜ୍ୟ
ଯେଉଁ ପରି ବୁଢ଼ାପତ୍ର
ଅଥବା ବଲ୍କଳ ।

ସଂସାର ଦେଖୁଛି ବୃକ୍ଷ
ଫଳ, ପୁଷ୍ପେ ଭରା
ବୃକ୍ଷ ଛୁଏଁ ଆକାଶପାତାଳ
ବୃକ୍ଷ ଛୁଏଁ ନିଜ ଭିତରକୁ
ଭିତର ତା' ଅନ୍ଧାରୁଆ ଶୀତଳ କୋଟର

ତା' ଭିତରୁ ଛାଟମାରି କିଏ କହେ
"ବଞ୍ଚିବାକୁ ଯଦି ଚାହୁଁ
ମୂର୍ଖ ଦ୍ରୁମ ଆରେ,
ବୀଜ ଯେଉଁପରି
ନିଜକୁ ଭରଇ ବୃକ୍ଷେ
ସେହିପରି ଭରି ଦେ ତୋ
ଶୂନ୍ୟ କୋରଡ଼କୁ
ନୀଳ ଅରଣ୍ୟରେ ।

ରେ ମୂଢ଼ ପାଦପ
ବଞ୍ଚିବାକୁ ଯଦି ଚାହୁଁ
ଚାଲିବାକୁ ହେବ ।
ମାଟି ମୋହ
ଚେର ମୋହ
ଆକାଶର ମୋହ
ଛାଡ଼ିବାକୁ ହେବ ।

ମାଟିକୁ ଯାବୁଡ଼ି ଧରି
କିପରି ଚାଲିବୁ ?
କିପରି ଚାଲିବୁ କହ
ଫଳ, ପୁଷ୍ପ
ଆକାଶ ମୁଣ୍ଡାଇ ?

ବୃକ୍ଷକୁ ଚିହ୍ନିବୁ ଆଉ
ବନକୁ ଭେଟିବୁ
ଚାଲି ଚାଲି ଯେଉଁ ଦିନ ନଗ୍ନ ଅବଧୂତ
ବୀଜଟିଏ ହେବୁ ।

(କଟକ, ଜାନୁୟାରୀ, ୧୯୯୩)

ଅରୁନ୍ଧତୀ

(ଆମ ବାହାଘରର ପଚିଶ ବର୍ଷ ପୂରିବା ପରେ)

ମୁଁ ସୁଧାକୁ କହିଲି, "ଚାଲ, ଏଥର ପ୍ରସ୍ତୁତ ହେବା
ବାର୍ଦ୍ଧକ୍ୟ ପାଇଁ, ଏକାକୀତ୍ୱ ପାଇଁ, ମୃତ୍ୟୁ ପାଇଁ ।" ସେ କହିଲା,
"ଠିକ୍ ଅଛି, ଚାଲ ଯିବା ବଦ୍ରିନାଥ"

"ବଦ୍ରିନାଥ କ'ଣ ବାର୍ଦ୍ଧକ୍ୟ, ଏକାକୀତ୍ୱ, ମୃତ୍ୟୁ ?" ମୁଁ ପଚାରିଲି । ସେ ଗମ୍ଭୀର ହୋଇ କହିଲା, "ବଦ୍ରିନାଥ ଏକ ସିଡ଼ି । ବାର୍ଦ୍ଧକ୍ୟ, ଏକାକୀତ୍ୱ ଆଉ ମୃତ୍ୟୁରୁ ଅନନ୍ତ ଜୀବନକୁ । ପୃଥିବୀରୁ ସ୍ୱର୍ଗକୁ ।"

ମୁଁ ଜାଣେ, ସ୍ୱର୍ଗ ସମସ୍ତଙ୍କ ଭାଗ୍ୟରେ ନ ଥାଏ । ସ୍ୱର୍ଗକୁ ଯିବାକୁ ହେଲେ ଏକମୁହାଁ ଚାଲିବାକୁ ହୁଏ । ସେଇଥିପାଇଁ ସ୍ୱର୍ଗକୁ ଯାଇ ପାରନ୍ତି କେବଳ ଯୁଧିଷ୍ଠିର ଏବଂ ତାଙ୍କ ପଛେ ପଛେ କୁକୁର ।

"ଚାଲ, ଆମେ ଆମର ସେଇ ଭଙ୍ଗା ଘରକୁ ଫେରିଯିବା ।" ମୁଁ ସୁଧାହାତ ଟାଣୁଥିଲି ।

"ଠିକ୍ ଅଛି, ଫେରିଯିବା ଆମ ବଖରାକୁ । ମୋତେ କିନ୍ତୁ କହିବ ନାହିଁ ଯିବାକୁ ସେ ଅଗଣାକୁ । ତଳେ ବେଙ୍ଗ, ଚୁଚୁନ୍ଦ୍ରା । ଆଉ ଉପରେ ଭଙ୍ଗା ଦିଆଲ ଫାଟରେ ସେ ବର, ଅଶ୍ୱତ୍ଥ ଗଛ ଦି'ଟା ମୁଁ ଘୃଣା କରେ" । ସୁଧା ତାଗିଦ୍ କରିଦେଲା ।

"ଘରକୁ ଯିବା ଅଥଚ ଅଗଣାକୁ ନ ଯିବା କିପରି ! ସତରେ ମୋତେ ସେ ଅଗଣା ଏତେ ଭଲ ଲାଗେ ! ତଳେ ଯେଉଁଠି ତମେ ଜାଳିଥିବା ସଞ୍ଜବତୀ ଆଉ ଉପରେ, ଚାଳିଶା ଆଖିକୁ ଏବେ ବି ସ୍ପଷ୍ଟ ଦିଶିଯାଏ ମୋତେ ମୋର ଅରୁନ୍ଧତୀ ।"

■

(କଟକ, ନଭେମ୍ବର, ୧୯୯୨)

ହସର ଆଲ୍‌କେମୀ

(ଶ୍ରୀ ଫତୁରାନନ୍ଦଙ୍କ ବିୟୋଗରେ)

ପୋଡ଼ା ମନ
ଫଟା ହୃଦୟ
ଆଉ କଇଁଥିଆ ସ୍ୱପ୍ନ–
ମାନଙ୍କରେ ଆଉ କ'ଣ
କେତେ ମିଶିଲେ
ହସ ତିଆରି ହୁଏ
ଶିଖିବାକୁ ତମ ପାଖକୁ ଯାଇଛି
ବାରବାର
ଅନେକ ଥର ।

କେବଳ ହସ, ହସ, ହସ
ହସଛଡ଼ା ଆଉ କିଛି ପାଇନାହିଁ ।
ଖୋଜିଛି ସେ ଭଙ୍ଗା ତକ୍ତପୋଷ ତଳ
ସେ ଗେରୁଆ ଫତେଇ ପକେଟ
ଚଷମା ଖୋଳ
ଚିଠି ଯାକ, ବହିଥାକ
ଆଉ ଡାଏରୀ
କାହିଁ କେଉଁଠି ବି ତ ନଥିଲା
କାକରରୁ ଫୁଲ
ଲୁହରୁ ଖିଲଖିଲ ହସ
ତିଆରି କରିବାର ଫର୍ମୁଲା ?

ତୁମର ସବୁ ଫସଲ
ଭରି ଦେଇ
ଅକାତରେ
ଏକୂଳର ସୁନାର ତରୀରେ
ପଛକୁ ଚାହିଁଲ ନାହିଁ
ଚୁପ୍‌ଚାପ୍
ଭସାଇ ଦେଇ
ନିଜର ଫୁଟା ଡଙ୍ଗାକୁ
କେଉଁ ଅଥଳ, ଅନ୍ଧାର
ବଢ଼ି ନଈରେ !

■

କଟକ, ତା ୨୫, ୧୧, ୯୫
(ଦୈନିକ, 'ସଂବାଦ'ରେ ପ୍ରକାଶିତ)

ପ୍ରାର୍ଥନା ପୂର୍ବରୁ ମୃତ୍ୟୁ

ଲୁଇଫିସ୍‌ରଙ୍କ ପ୍ରସିଦ୍ଧ କୃତି 'Mahatma Gandhi : His Life and Times ର ପ୍ରଥମ ଅଧ୍ୟାୟର ଶୀର୍ଷକ : Death Before Prayer

ପଞ୍ଜୁରୀରେ ଗୁଳି ବାଜୁବାଜୁ
ଫୁର୍‌କିନା ଉଡ଼ିଗଲା,
'ହେ ରାମ୍‌' କହି
ନୀଳ ପର ମେଲାଇ ଦେଲା
ଗୋଧୁଳିର ନିଃସୀମ ନିଳିମାରେ
ଆନନ୍ଦରେ ହଜିଗଲା ।

କିପରି କହିବା,
ପ୍ରାର୍ଥନା ପୂର୍ବରୁ ତା'ର ମୃତ୍ୟୁ ହେଲା ?

ମୃତ୍ୟୁ ପୂର୍ବରୁ ପ୍ରାର୍ଥନା କରନ୍ତି
ଫାଶୀ ଆସାମୀମାନେ
ଜୀବନସାରା ପ୍ରାର୍ଥନାର ଛଳନା କରନ୍ତି
ଅଜାମିଳମାନେ
କିପରି କହିବା
ପ୍ରାର୍ଥନା ପୂର୍ବରୁ ତା'ର ମୃତ୍ୟୁ ହେଲା
ଜୀବନ ଯାହାର ଥିଲା
ଏକ ଅସରନ୍ତି ପ୍ରାର୍ଥନା ?

(*"ସଚିତ୍ର ବିଜୟା"*, ଜାନୁୟାରୀ, ୧୯୯୬)

ପ୍ରତିଦ୍ୱନ୍ଦୀ

(ଜଣେ ରସିକ ପାଠକ ରୂପେ ସୁପରିଚିତ କବି ବନ୍ଧୁ ଶ୍ରୀ ଦୀନବନ୍ଧୁ ପଣ୍ଡାଙ୍କୁ)

ନା,
ତମକୁ ଏଯାଏ ଦେଖିନାହିଁ
ଖାଲି ଯାହା ତମକୁ ପଢ଼ିଛି
ତମର ଚିଠି ଦେଇ ।

ଲେଖିଛ,
ମୋ କବିତା କୁଆଡ଼େ
ତୁହାକୁ ତୁହା
ତୁମ ଦେହରେ ରୋମାଞ୍ଚ ଆଣେ
ତମର ହୃଦୟ କୁଆଡ଼େ
ସେ କିଣି ନେଇଛି
ଗୋଟାପଣେ ।

ମୋ କାବ୍ୟ ପୁରୁଷକୁ
ତମର ଏ ଚାଟୁକଥା
କାହିଁକି କେଜାଣି
ଉଦାସ କରିଦିଏ
 କରିଦିଏ ନିର୍ବେଦ, ଅବଶ
ଲାଗେ, ସତେକି
ତମେ ମୋ କବିତାର ବିଟ ପୁରୁଷ ।

ତୁମ ଦୁହିଁଙ୍କର ଭାବ ଆଖିରେ ପଡ଼ିଲେ
ମୋ ଭିତରେ ଦେଖାଦିଏ
ଏକ ବିରାଟ ଅଭାବ,
ଲାଗେ, ମୁଁ ଏକ ନିଃଶେଷ-ପୌରୁଷ
ଅସମର୍ଥ ବୃଦ୍ଧ ଜଗଦ୍‌ଗବ ।

ମୁଁ ଏକ ଚନ୍ଦ୍ରସେଣା
ଦହି ମନ୍ଥେ, ଘିଅ କାଢ଼େ
ବୁଲାଏ ପସରା ଦେଇ
ମୋ ରାଧାକୁ ହାଟ ବଜାରରେ
ବେଳେବେଳେ ପଠାଏ ବି ତାକୁ
ସୁନ୍ଦରୀଙ୍କ ପ୍ରତିଯୋଗୀତାରେ ।

କାହିଁକି ବା ଦୋଷ ଦେବି ପ୍ରେୟସୀକୁ ମୋର
ତା'ର ବା ଭୁଲ୍ କ'ଣ
ତାକୁ ଅବା କ'ଣ ମୁଁ ଦେଇଛି ?
ସଦାବେଳେ ମୋ ପାଇଁ କି
ସେ ହୋଇଛି ପ୍ରଜ୍ଞାପନ ମେଢ଼ ।

ହେ ମୋର ପ୍ରତିଦ୍ୱନ୍ଦୀ
ପ୍ରେମିକ ପ୍ରବର
ଆଜି ମୁଁ ବୁଝୁଛି କିଆଁ
ମୋତେ ଛାଡ଼ି ରାଧା ବାରବାର
ତୁମପାଇଁ ହୋଇଛି ପାଗଳୀ
କାହିଁକି ମାନୁନି ବୋଲ
ପାଉନାହିଁ ଭଲ ଆଗପରି ।

ଭୟ ହୁଏ,
ବୋଧହୁଏ
ଥିବାଯାଏ ଏ କଲମ ଏବଂ ତୁମ ପ୍ରୀତି
ସେ ଆଉ ହେବନି ମୋର
ନାମକୁ ରହିବି ପତି । ତୁମ ବଂଶୀ ସ୍ୱନ

ତାକୁ ବାରବାର
ଉଚ୍ଚାଟ କରିବ ଯେଣୁ
ତା ପାଇଁକି ତୁମ ପ୍ରେମ ଏକା
ନିଷ୍କାମ, ନିଷ୍କାମ ।

■

(*"ଗୋକର୍ଣ୍ଣିକା*, ପୂଜାସଂଖ୍ୟା, ଅକ୍ଟୋବର ୧୯୯୬)

ବେତାଳ

କାହିଁକି !
ଗୋଟାଏ ଗପଠୁ ନିସ୍ତାର ପାଇଲା ବେଳକୁ
ଆଉ ଗୋଟାଏ ସବାର ହୁଏ
ମୋ କାନ୍ଧ ଉପରେ
ଏ ମଶାଣି ମଝିରେ !

ସତରେ, କୋଉଠି ରହିଛି
ଏତେ ଗପ
ଏ ଫୁଟା ହାଣ୍ଡି
ଛିଣ୍ଡା ସପ
ଦିକି ଦିକି ଜଳୁଥିବା କାଠ, ବାଉଁଶର
ଏ ପୋଡ଼ା ଭୂଇଁ ପେଟରେ !

ଚିରଗୁଣି, ବ୍ରହ୍ମରାକ୍ଷସ
ବିଲୁଆ, ଶାଗୁଣା
ମାଲକଢ଼ା ଭାଇ ।
ବୈରାଗ୍ୟ ନା ଅତୃପ୍ତ ବାସନା
ଜନ୍ମଦିଏ ଏଇ ସବୁ
ଅଛିଣ୍ଡା ଗପକୁ ?

କ'ଣ ସତରେ
ଏ ବେତାଳମାନେ ଗନ୍ଧଭୂକ୍ ?
ଅଥବା ଗଙ୍ଗାକୁ ପ୍ରତିକ୍ଷା କରିଥିବା
ସଗର ପୂର୍ବଜମାନଙ୍କ ପରି
କ'ଣ ସତରେ

ଏମାନେ ଉତ୍ତର ଆଶାରେ
ଗପ-ଶୋଷରେ ଆଉଟି ପାଉଟି ହେଉଥିବା
ଅମୋକ୍ଷ ଆତ୍ମା ?
ଜାଣେ ନା,
ଏଇ ଅସରନ୍ତି ଗପ
କାଳକ୍ଷେପଣ ପାଇଁ
ଫନ୍ଦା ହେଉଥିବା
ଆଈ ମାଆର
କଥା କଥାଣି
ଅବା
ଆତ୍ମରକ୍ଷା ପାଇଁ ଗୁନ୍ଥା ହେଉଥିବା
ସେରେଜ୍ଞାଦେର
ଆରବ୍ୟ ରଜନୀ ।

ମଶାଣିର ଗପମାନେ ସବୁବେଳେ
ମଶାଣିପରି
ଚଲାପଥର ଶେଷ ବୋଲି କୁହାଯାଉଥିବା
ରାସ୍ତାଧାରର
ଅରାଏ ଅରାଏ ଗୋଚର
ସ୍ୱତଃସିଦ୍ଧ ସତ୍ୟପରି ଦିଶୁଥିବା ପ୍ରଶ୍ନମାନଙ୍କୁ
ଜନ୍ମ ଦେଉଥିବା ଉତ୍ତର ।

ଏ ମଶାଣିର ଗପ
ଶୁଣ ବା ନଶୁଣ
ଫେରୁଥିବ ବାର୍‌ବାର୍
ବେକ ଉପରେ ସବାର୍ ହେଉଥିବ
ଅଝଟ ବେତାଳ,
ବାର୍‌ବାର୍ ।

■

କଟକ ୨୭.୪.୯୫

(“*ଏକବିଂଶ ଶତାବ୍ଦୀ*”, ପୂଜା ବିଶେଷାଙ୍କ, ୧୯୯୬)

ହାସ୍ୟାସ୍ପଦ ବିଦୂଷକ

(ହଠାତ୍ ମଞ୍ଚରୁ ଅଦୃଶ୍ୟ ଶ୍ରୀ ଫତୁରାନନ୍ଦଙ୍କୁ)

ହସାଉଥିବା ମଣିଷ
ନିଜେ ହସିବାକୁ ଚେଷ୍ଟାକଲେ
ହାସ୍ୟାସ୍ପଦ ହୁଏ
ତା' ପୂର୍ବରୁ ଭଲ
ଚାଲିଯିବା
ପର୍ଦ୍ଦା
ଆର ପାଖକୁ

ଆଖିର ଲୁହକୁ
କାନ୍ଦଣା ଲହରୀ ଭିତରେ
ଉଝାଇ ଦେଇଥିବା ଦର୍ଶକ
କେମିତି ବୁଝିବ ସେ ବିଦୂଷକର ଲୁହକୁ ?

ଜୋକର ପଡ଼ିଗଲେ ଯିଏ
ଶିଖିଛି ତାଳି ମାରିବାକୁ
କେମିତି ଚିହ୍ନିବ ଜୋକରର
ଜଖମ୍ ଛାତିର କୋହକୁ ?

ଟିକେଟ୍ କାଟି ହସୁଥିବା ମଣିଷ
କିପରି ଶିଖିବ ହସାଇବା
ହସାଉଥିବା ଜୋକରକୁ ?

ହସାଉଥିବା ଜୋକରକୁ
ହସ ମାଡ଼ିଲେ ଚାଲିଯିବା ଭଲ
ପର୍ଦ୍ଦା ଆରପାଖକୁ
ଜୀବନସାରା ହସାଇ ହସାଇ
ଥରୁଟିଏ ବି ନିଜେ ନ ହସି
ଜୀବନସାରା ହାସ୍ୟାସ୍ପଦ ହେଇ
ଥରୁଟିଏ ଚେଷ୍ଟାକଲ
ନିଜେ ହସିବାକୁ
ଭଲକଲ
ଚାଲିଗଲ ପର୍ଦ୍ଦା ଆରପାଖକୁ ।

କଟକ, ତା ୨୪,୧୧,୯୫
("ପ୍ରଜାତନ୍ତ୍ର ସାପ୍ତାହିକୀ", ରେ ପ୍ରକାଶିତ)

ରବିନ୍‌ସନ୍ କ୍ରୁସୋ

"ଦୀପଂ କୟିରାଥ ମେଧାବୀ ୟଂ ଓଘୋ ନାଭିକୀରତି"
(ବିଜ୍ଞବ୍ୟକ୍ତି ନିଜ ପାଇଁ ଯେଉଁ ଦ୍ୱୀପ ନିର୍ମାଣ କରେ
ତାହା କେବେ ପ୍ଲାବିତ ହୁଏ ନାହିଁ)– ଧମ୍ମପଦ, ଅପ୍ପମାଦବଗ୍‌ଗ

ଆଖି ଖୋଲେତ
ଦେଖେ ନିଜକୁ ଏ ଦ୍ୱୀପରେ ।

କିଏ ବୋହି ଆଣିଲା ମୋତେ,
ଭେଳା
ଅବା ଭଙ୍ଗା ମାସ୍ତୁଲଟାଏ ?
ଜାଣେ ନାହିଁ ।

ଏବେ କିନ୍ତୁ ଆଦରି ନେଲିଣି
ଏ ନିଛାଟିଆ ଦ୍ୱୀପକୁ
ଚୋରା ମଳୟ ପରି
ମୋତେ ପ୍ରତି ମୁହୂର୍ତ୍ତରେ
ଛୁଇଁ ନ ଛୁଇଁ
ଚାଲି ଯାଉଥିବା ତା'ର
ନୀଳ ନିର୍ଜନତାକୁ ।

ଏବେ ବରଂ ଲାଗେ
ସତରେ,
ଏମିତିକା ଦ୍ୱୀପଟାଏ ଦରକାର ଥିଲା
ଯେଉଁଠି ଏକା ଏକା
ପରସ୍ତ ପରସ୍ତ
ନିଜକୁ ଚିହ୍ନିବି
ନିଜ ଭାଷା ନିଜେ ଶିଖିବି
ନିଜ ପାଇଁ ଗପ ଗଢ଼ି
ନିଜକୁ ମୁଁ ନିତି ଶୁଣାଇବି
ଧୂପଧୂଆଁ ପରି
ନିଜର ଝାଳ ବାସ୍ନାକୁ
ନିଃଶ୍ୱାସରେ ନେବି ।
ନିଶୂନ୍ ଦ୍ୱୀପରେ
ଅନାହତ ନାଦ ପରି
ମୋ ଛାତିର ଦୁକ୍‌ଦୁକ୍
କାନପାରି
ଶୁଣି ପାରୁଥିବି ।

ନିଜେ ମଞ୍ଜି ହେବି
ଗଛ ହେବି
ନିଜକୁ ଫସଲ କରି
ନିଜ ପାଖେ ତର୍ପଣ କରିବି ।
ପ୍ରଥମ ପୁରୁଷ ପରି
ନିଜ ପାଖେ ଆତ୍ମାହୁତି ଦେଇ
ନିଜକୁ ମୁଁ ବାରବାର
ନୂଆକରି ସର୍ଜନା କରିବି ।

କିନ୍ତୁ ହାୟ,
ଅଛି ଅଛି
ବାୟା ଦ୍ୱୀପ ମୋର
କାହିଁକି ଅଥୟ ହୁଏ
ପ୍ଳାବିତ ହେବାକୁ
ନଈ ପଠା କାଶତଣ୍ଡି ପରି
କାହିଁକି ବା ବାରବାର
ଆମନ୍ତ୍ରଣ କରେ
ମୂଳତାଡ଼ି ନେଉଥିବା
ପ୍ରଳୟ ବଢ଼ିକୁ ?

କାହିଁକି ବା କସ୍ତୁରୀ ମୃଗକୁ
ନିଜ ନାଭିଗନ୍ଧ ଆଉ କରେ ନାହିଁ ବଣା
ଖୋଜେ ନିଜ ନାହିନାଡ଼
ହଜି ଯାଇଥିବା ତା'ର
ଯୂଥର ଠିକଣା ?

ପ୍ରାର୍ଥନା କରୁଛି ଆଜି ବାରବାର
ମୋର ଏହି ଦ୍ୱୀପ
ହେ ମହାପ୍ଳାବନ,
ବାରବାର କୂଳ ମୋର ତାଡ଼ି ନେଉଥିବା
ତୁମର ଉତ୍‌ଫଣ
ଢେଉ ଥରଟିଏ
ମୋ ଦେହରେ ଗଢ଼ିଦେଉ
ସରୁ ବନ୍ଧଟିଏ ।

ହୁଏ ଅନ୍ତରୀପ ।

■

("ଝଙ୍କାର", ଜୁନ୍, ୧୯୯୭)

ମୁଁ ଏବେବି ଠିଆ ହୋଇଛି ମୋ ଗଧକୁ କାନ୍ଧେଇ

ମୁଁ ଏବେବି ଠିଆ ହେଇଛି
ମୋ ଗଧକୁ କାନ୍ଧେଇ
ଏ ପୋଲ ଉପରେ ।

ନା’ ତାକୁ ରାସ୍ତାରେ ଚଲେଇ ପାରୁଛି
ନା’ ପାରୁଛି ପୁଅ କାନ୍ଧକୁ ଟେକି ଦେଇ
ନା’ ଫିଙ୍ଗି ଦେଇ ପାରୁଛି
ଏ ବହନ୍ତା ନଈ ପେଟରେ !

ମୁଁ ଏବେବି ଠିଆ ହେଇଛି
ମୋ ଗଧକୁ କାନ୍ଧେଇ
ଏ ପୋଲ ଉପରେ ।

ରାସ୍ତାରେ ଚଲେଇଲି
ଏପଟ ଗାଁ ଫୁସ୍ ଫାସ୍ ହେଲା
ପୁଅ ପିଠିକି ଟେକି ଦେଲି
ସେ ପଟ ଗାଁ ଉଲୁଗୁଣା ଦେଲା
ନଈକୁ ଠେଲି ଦେଲି ଯେ
ସେ ପୁଣି ତାକୁ କୂଳରେ ଆଣି କଚାଡ଼ି ଦେଲା

ମୁଁ ଏବେ ବି ଠିଆ ହେଇଛି
ମୋ ଗଧକୁ କାନ୍ଧେଇ
ଏ ପୋଲ ଉପରେ ।

ଏବେ ମୁଁ ମୋ ଗଧକୁ ଚିହ୍ନିଲି ।
ତା ଓଜନରୁ
ଆଜି ମୁଁ ମୋ ଓଜନ କଳିଲି

ଏ ଗଧ ମୋର ପଚିଶିତମ ଗୁରୁ
ଏ ପୋଲ ମୋର ବଦରିକାଶ୍ରମ
ଏମିତି ଏ ଗଧକୁ କାନ୍ଧେଇ
ଏ ପୋଲ ଉପରେ
ବିତିଯାଉ ମୋର ଅବଶିଷ୍ଟ ଦିନ ।

■

କଟକ, ଡିସେମ୍ବର ୧୯୫୫
(*"ଆବର୍ତ୍ତ"*, ପୂଜା ସଂଖ୍ୟା, ୧୯୯୭)

ପଞ୍ଚବଟୀ

ଭାବିଥିଲି
ପଞ୍ଚବଟୀ ମାନେ
ସାଥିପରି ଚଲୁଥିବା
ବାଘ ଓ ମିରିଗ
ଶତ୍ରୁପରି ସଂସାରକୁ
ତ୍ୟାଗ କରିଥିବା
ମୁନୀଙ୍କର ଦୁର୍ଭେଦ୍ୟ ଆଶ୍ରମ ।

ଏଠି କିନ୍ତୁ ପାଦ ଦେବା ଦିନୁ
ମୋ ଫଟା କପାଳ
ଏଠି ଦେଖେ ମାଳ ମାଳ
ମାୟାମୃଗ, ସୂର୍ପଣଖା
ମାୟାବୀ ରାବଣ ।

ପ୍ରତିଦିନ ଲାଗେ ଏଠି ମାୟାହାଟ
ବିକ୍ରୀହୁଏ ସ୍ତନ ଓ ଜଘନ
ସୁମଧୁର କୋଳାହଳ
ଫରୁଆରେ ସୁଲଭ ନିର୍ବାଣ

ଏଠି ଯେତେ ଆର୍ତ୍ତନାଦ
ପ୍ରେମ ନିବେଦନ
ଉପଦେଶ ଅବା ପ୍ରବଚନ
ସବୁ ସତେ
ପ୍ରପଞ୍ଚର ଖେଳ ?

ନିଷ୍ପ୍ରଭ ମଳିନ ସନ୍ଧ୍ୟା
ନଇଁଲାଣି ପାହାଡ଼ ନାସିରୁ
ସରିସୃପ ପରି
ଖସିଲେଣି ଗଛଡ଼ାଳୁ କୁହୁଡ଼ି ଓ
ରାତିର ଅନ୍ଧାର, ନର ରକ୍ତ ଲୋଭୀ
ପିଶାଚ, ରାକ୍ଷସ
ବ୍ରହ୍ମଦୈତ୍ୟ, ଦାନବୀ, ଡାଆଣି
ଆଉ ଯେତେ ଯେତେ ନିଶାଚର
ସଜବାଜ ହେଲେଣି ଏଥର
ହେବ ସୁରୁ ମହାରାସ
ଅନନ୍ତ ରାତ୍ରୀର ।

ଏ ପଥ ପଡ଼ିଛି କାହିଁ
ଲଙ୍କାଯାଏ ଅଥବା ଅଯୋଧ୍ୟା ?
ଜାଣେ ନାହିଁ
ଜାଣି ଲାଭ ନାହିଁ
ଏତିକି ଜାଣିଛି
ଅସମ୍ଭବ ଏଠୁ ମୋ ନିସ୍ତାର ।
ଇଏ ମୋର ମେରିଖୁଣ୍ଟ
ପ୍ରଚଣ୍ଡ ଆବର୍ତ୍ତ
ଭିଡ଼ି ଧରେ,
ଭିଡ଼ି ଆଣୁଥିବ
ତା' ନାଭି କେନ୍ଦ୍ରକୁ
ମୋତେ ବାରବାର ।

ପଥମୟ, ନଦୀମୟ ପଞ୍ଚବଟୀ
ବାଧକରେ
ଅବିରାମ ଚାଲିବାକୁ

ଅହେତୁକ ଭୂତସଙ୍ଗେ
ପାଣି ବୋହିବାକୁ ।

ଚାଲି ଚାଲି ହେଲା ସନ୍ଧ୍ୟା
ଏ ପଥ ଏ ନଦୀ
ଏତେ ପରିଚିତ
ତଥାପି କାହିଁକି ଲାଗେ
ଅଚିହ୍ନା ଅଚିହ୍ନା !
(ଯେଉଁପରି ମୋର ପଞ୍ଚେନ୍ଦ୍ରିୟ
ଅବା ପଞ୍ଚଭୂତ)

ଏକପାଖେ ମାରୀଚ ମଶାଣି
ଆରପାଖେ ଜଟାୟୁର ଭୂମି
ମଝିରେ ରହସ୍ୟମୟ
ଏଇ ମାୟାସେତୁ
ଆହ୍ୱାନ ଦୁର୍ବାର
ଯୁଆଡ଼େ ଚାହିଲେ ଖାଲି ଦିଶିଯାଏ
ପଥଯାକ ତିନି ତିନି ଗାର ।

ଯାତ୍ରା ଶେଷେ ମୋର ଶେଷ
ମୋର ଶେଷେ ଯାତ୍ରା ହେବ ଶେଷ
ଏଣୁ ବରି ନେଇ ଅଛି
ଯାତ୍ରାର ଆଶ୍ଳେଷ
ଅୟି ଶୋଭାମୟୀ ପଞ୍ଚବଟୀ,
ତୁ ମୋ ପାଇଁ ଯାତ୍ରାମୟ
କିଏ କହେ
ଇଏ ବନବାସ !

■

(“ଝଙ୍କାର”, ଜାନୁୟାରୀ, ୧୯୯୮)

ଈଶ୍ୱର-କୁମ୍ଭାର ସଂବାଦ

ଈଶ୍ୱର ଉବାଚ

ଦିନେକ ପଚାରେ ଈଶ୍ୱର । କେ ବଡ଼ କହରେ କୁମ୍ଭାର ॥
ମୁହିଁ ଗଢ଼ିଲି ଏହି ଜଳ । ତୁ ଶିଳ୍ପୀ ଏହି କଳସୀର ॥

କୁମ୍ଭାର ଉବାଚ

ମୁଁ ଅଟେ କୁମ୍ଭାର ବାପୁଡ଼ା । ତିଆରି କରେ ଶୂନ୍ୟ ଘଡ଼ା ॥
ତୁମ୍ଭର ପ୍ରଶନ ଗହନ । ମୁଁ ଦେବି କିବା ସମାଧାନ ॥
ଘଟ ଛାଞ୍ଚରେ ପଶି ପାଣି । ନୂଆ ଆକାର ନିଏ ପୁଣି ॥
ଶୂନ୍ୟ କଳସୀ ପୂର୍ଣ୍ଣ ହୁଏ । ପୂର୍ଣ୍ଣକୁ ଅପୂର୍ଣ୍ଣ ଶିଖାଏ ॥

ଈଶ୍ୱର ଉବାଚ

ଜାଣୁ କି ନିର୍ବୋଧ କୁମ୍ଭାର । ତୋତେ ମୁଁ ଗଢ଼ିଛି ଈଶ୍ୱର ॥
କାହାତେ ଗଢ଼ା ନୁହେଁ ମୁହିଁ । ଏଣୁ ମୁଁ ଅଜନ୍ମା ବୋଲାଇ ॥

କୁମ୍ଭାର ଉବାଚ

ଏମନ୍ତ ଯିଏ କାରିଗର । ତାକୁ ମୋ ଦୂରରୁ ଜୁହାର ॥
ନିତି ମୁଁ ଗଢ଼େ ଘଟଟିଏ । ସେ ମୋତେ ନିତି ଗଢୁଥାଏ ॥

■

("ଝଙ୍କାର", ବିଷୁବ ବିଶେଷାଙ୍କ, ୧୯୯୮)

ଈଶ୍ୱରଙ୍କ ଘର

ଈଶ୍ୱର ଅଛନ୍ତି
ସ୍ୱର୍ଗରେ ପାତାଳେ ଅବା
ଅନ୍ୟ କେଉଁ ନିରାପଦ ସ୍ଥାନେ
କ'ଣ ବା ଯାଏ ଆସେ ଆମର ସେଥିରେ ?
ଆମେ ଯେ ଭାସୁଛୁ ଏଠି
ଫୁଟୁଥିବା ତେଲ କଡ଼େଇରେ ।

କେହି କେହି କହିଥାନ୍ତି
କୀର୍ତ୍ତନ, ଅର୍ଗାନ୍ ଅବା
ଆଜାନ୍ ଶୁଣି ଈଶ୍ୱର ଓହ୍ଲାନ୍ତି
ପ୍ରତିଦିନ ପୃଥିବୀ ଉପରେ
ତିନିଥର ମଣୋହି କରନ୍ତି
ଦେବଦାସୀ ନାଚ ଦେଖିସାରି
ମଧ୍ୟରାତ୍ରେ ପୃଥିବୀ ଛାଡ଼ନ୍ତି ।

ଗୀର୍ଜା, ମସ୍‌ଜିଦ୍ ଅବା
ଯେତେ ଆଉ ଦେଉଳ, ମନ୍ଦିର
ଏସବୁ କୁଆଡ଼େ ଅଟେ
ପୃଥିବୀରେ ଈଶ୍ୱରଙ୍କ ଭଳି ଭଳି ଘର ।

ଅଜବ୍ ଘର,
ଘରବାଲା ଦେଖାନାହିଁ
ଡାକିଲେ କହୁଛି ଘର
"ମୁଁ ହିଁ ଈଶ୍ୱର" !

ଅଜବ୍ କଳି
ଚାରିଆଡ଼େ ରେରେ କାର ରବ
ଘରବାଲା ଦେଖାନାହିଁ
ବେୱାରିସ୍ ଘର ପାଇଁ
ହଣାହଣି ଘର ଜଗୁଆଳି ।

କହୁଛନ୍ତି "ଈଶ୍ୱରଙ୍କୁ କେହି ଦେଖିନାହିଁ
ଏ ଘର ଅଟଇ ଈଶ୍ୱର
ପ୍ରାଣଦେଇ ପ୍ରଜାଗଣ ତାକୁ ରକ୍ଷାକର ।"

ଅଜବ୍ କାରିଗରୀ !
ଦେଉଳକୁ ଦୀପଦଣ୍ଡି କରି
ଖୋଳୁଛନ୍ତି ଇନ୍ଦ୍ରଦ୍ୟୁମ୍ନମାନେ
ଚାରିପଟେ ରକ୍ତର ପୋଖରୀ ।

ମଣିଷ ଗୋଟିଏ ନାହିଁ
ଭଳିଭଳି ହାଉଦା ପକାଇ
ଏଠି ଖାଲି ମାଲମାଲ
ବାହ୍ମଣ, କରଣ
ଖ୍ରିସ୍ତାନ, ଶିଖ, ମୁସଲ୍‌ମାନ ।

ବାକି ଯେତେ ଥିଲେ ଏଠି
ଭେକହୀନ
ଭିକମଗା ନିଛକ ମଣିଷ

ଘରଡିହ ବିକା ସରିଥିଲା
ଗଣୁଛନ୍ତି ଏବେ ତାଙ୍କ ହାତେ
ଗଢ଼ା ହେଲା
ଈଶ୍ୱରଙ୍କ କେତେଟା ଉଆସ ।

ମଣିଷ ଗୋଟିଏ ନାହିଁ
କୁର୍ମ ମାଳମାଳ
ରଥ ଆଉ ପଥ ଆଉ
ଘର ଆଉ ଘର ଜଗୁଆଳି
ଆଜି ତା ଈଶ୍ୱର ।

ଲୋକନାଥ ପୋଖରୀରେ ବେକଟି ଲମ୍ବାଇ
କୁର୍ମ ଚାକି ରହିଛନ୍ତି
ଖାଇବାକୁ ଦାତାଦିଆ ଖଇ
ଚାହିଁବ ସେ କୁର୍ମ ଯେଉଁଦିନ
ତା ଭିତର ଗମ୍ଭୀରା ଘରକୁ
ଦେଖିବ ସେ କୂର୍ମ ଅବତାର
ଭାଙ୍ଗି ସବୁ ଦେବତାର ଘର
କରିବ ସେ ମାଟି ଏକାକାର
ଭାଙ୍ଗି ଦେବାଳୟ
ସେ ଗଢ଼ିବ କିଛି ଶୌଚାଳୟ
ଚିତାନୁହେଁ, ଛତା ନୁହେଁ
ବାନା ନୁହେଁ
ଯେଉଁଠାରେ ମଣିଷର ଏକମାତ୍ର
'ମଣିଷ'ହିଁ ଅଟେ ପରିଚୟ ।

(*"ସ୍ୟମନ୍ତକ"*, ଶାରଦୀୟ ବିଶେଷାଙ୍କ, ୧୯୯୬)

ଏବେ ସକାଳ

ଏବେ କିଆଁ କୁକୁଡ଼ା ରାବିଲେ
କୁଆଁ କୁଆଁ ଶବ୍ଦ ପରି ଶୁଭେ
ଛାତିରୁ ଅତଡ଼ା ଖସେ
ଲାଗେ କିଏ ଲଦି ଦେଲା
ମୋ ଉପରେ ଅନାହୂତ
ଅଯଥା ଦାୟିତ୍ୱ ।

ସକାଳ ପ୍ରଥମ ଖରା
ଯେବେ ପଡ଼େ ମୋ ଦୁଆର
ପାହାଚ ଉପରେ
ମୋତେ ଲାଗେ ସତେ ଯେଉଁପରି
କେଉଁ ଏକ ନାରୀ ତା'ର
ଅବୈଧ ସନ୍ତାନ
ମୋ ଦୁଆର ପାହଚରେ ଥୋଇଦେଇ
ହେଲା ଅନ୍ତର୍ଦ୍ଧାନ ।

ଅଝଟ ଏ ଅସମ୍ଭାଳ
କଅଁଳ ସକାଳ
ଅଛି ପୁଣି ଲମ୍ବାଦିନ
ଉଦ୍ଧତ ମଧ୍ୟାହ୍ନ
ଯାହାକୁ ମୁଁ ଆଣିନାହିଁ ଡାକି

ତା'ର ଏ ନଛୋଡ଼ବନ୍ଧା
ଉତ୍ତରଦାୟିତ୍ୱ
କରେ ଭୟଭୀତ ।

ତଥାପି ନଇଁଲେ ସନ୍ଧ୍ୟା
କାହିଁକି ଦଲକା
ଖସୁଛି ଛାତିରୁ ପୁଣି
ଲାଗେ ଏକା ଏକା
ଲାଗେ ସତେ ରାତିର ପାହାଡ଼େ
ଧକ୍କା ଖାଇ ବୁଡ଼ିଯିବ
ହୁଏତ ମୋ ଏକମାତ୍ର ଭେଳା ।
ବସି ଥାଉ ଥାଉ ବୁଢ଼ା
ଆରପାରି ଚାଲିଯିବ
ମୋର ଏଇ ଏକୋଇର ବଳା ।

ସଞ୍ଜ ଏବେ ରତରତ
ଉପଗତ ହାତେ ଧରି ଶବ
ଆଣ୍ଠୁଏ ପାଣିରେ ପଶି
ତରତର ଯିବ ଆର ପାରି
ମେଲିଲାଣି ନାଆ

ଅନିଚ୍ଛାରେ ହାତ ଉଠିଯାଏ
ଡାକିବାକୁ ଇଚ୍ଛା ହୁଏ
ଧନ ମୋର
ସକାଳ ମୋ
ଫେରିଆ,
ଫେରିଆ... ।

(*"ପନାସି"*, ପ୍ରଥମ ସଂଖ୍ୟା, ଡିସେମ୍ବର, ୨୦୦୦)

କାଳ କୋଇଲି

ସମୟ,
ଗଲା-ପୁତ୍ର ।
ବାହୁଡ଼ି ନଇଲା, ଲୋ କୋଇଲି ।

କାହା ବୋଲେ ଗଲାପୁତ୍ର ଜାଣି କିବା ଲାଭ
ଘରମଣି ଆଉ ଯଦି ଘର ନ ଫେରିବ, ଲୋ କୋଇଲି ।

ଶୁଣିଥିଲି କାଳ ଅବିଶ୍ୱାସୀ,
ଏଇ ଅଛି, ଏଇ ନାଇଁ ହାତୁ ଯାଏ ଖସି
ଖଣ୍ଡକ୍ଷୀର ଖୁଆଇ ବଢ଼ାଇ
ଏଡ୍ଡୁ ଏଡ଼େ କଲାପରେ
ଗଲା ଭଣ୍ଡିଦେଇ, ଲୋ କୋଇଲି ।

କିଏ କହେ,
ସିଏ ମହାକାଳ
ସଭିଙ୍କି ଜନମ ଦିଏ ନୁହଇ କାହାର
ସେ କଥାରେ ମୋର କିବା ଯାଏ
ଏଇ ହାତେ ଗଢ଼ିଛି ତାକୁ ମୁଁ
ଯଶୋଦା ପରାୟେ ।

ନୟାନ୍ତ ମୁଁ ହେଲି ଖୋଜି ଖୋଜି
ଗୋପନଗ୍ର, ଯମୁନା, ଜଙ୍ଗଲ
ବୁଡିଗଲା ଦିନ
ପାଚିଗଲା କେଶ, ପୁଣି
ଫୁଟିଲା ନୟନ
ଗୋଧୂଳି ଅନ୍ଧାରେ ଏବେ ପାଇଛି ସନ୍ଧାନ, ଲୋ କୋଇଲି ।

ନ ଫେରିବା ଖାଲି ଯା' ଛଳନା
ନ ଫେରିବି କହି ଯେହ୍ନେ
ଫେରଇ ରକୁଣା, ଲୋ କୋଇଲି ।

ଏବେ ଲାଗେ ଏହି କାହିଁ ଅଛି ବନମାଳି
ମୋ ସାଥିରେ ଇଙ୍ଗିତରେ ଖେଳେ ଲୁଚକାଳି

ହାତ ବଢ଼ାଇଲେ ସିଏ ପଳାଇବ ଦୂର
ପଛକୁ ଚାହିଁଲେ ପାଲଟିବ ସେ ପଥର, ଲୋ କୋଇଲି ।

ବାଲିବନ୍ତ ଠେଲି ଠେଲି ଚାଲିବି ଆଗକୁ
ଚାହିଁବିନି କେବେ ଆଉ ବୁଲି ମୁଁ ପଛକୁ

ନୂପୁରକୁ ଖୋଜିବିନି, ନୂପୁର ଶବଦ
ରୁଣୁଝୁଣୁ ନିରନ୍ତର କାନେ ବାଜୁଥିବ, ଲୋ କୋଇଲି ।

■

("ଝଙ୍କାର, ମାର୍ଚ୍ଚ, ୧୯୯୯)

ଆଉ ଏକ କୃତଘ୍ନରାତି

ସେଦିନ ଅଧରାତିରେ
ଠିକ୍ ଠିକ୍ ତୋଫା ଆଲୁଅ ତଳେ
ସେମାନେ ଆମକୁ ବସାଇ ଦେଇ
ଦିଲ୍ଲୀ ବଡ଼ଦାଣ୍ଡରେ
ନିଜେ ଗାଏବ୍ ହେଇଗଲେ
କୋଉ ଅନ୍ଧାର ଗଳିରେ ।

ଆମ ହାତରେ ଥିଲା
ଖଣ୍ଡେ ଖଣ୍ଡେ ସାଲୁକନାର
ତ୍ରିରଙ୍ଗୀ ବାନା
ଆଉ ସେମାନଙ୍କ ହାତରେ
ସିନ୍ଧିକାଠି ।

ଆମ ଆଖିରେ ସେମାନେ ବୋଳି ଦେଇଥିଲେ
ନିଦ ମାଟି
ତିନି-ମାଙ୍କଡ଼ର ଖେଳନା ଧରି
ପିଲାଟି ପରି
ଆମେ ଟୁଟ୍ କରି ଶୋଇ ପଡ଼ିଲୁ
ନିଘୋଡ଼ ନିଦରେ ।

ସେମାନେ ଭିଆଇ ଚାଲିଲେ
ଲଙ୍କାକାଣ୍ଡ
ତିନି ପୁର, ଦଶଦିଗ
ଖେଦି ଗଲେ, ଏ ମୁଣ୍ଡ ସେ ମୁଣ୍ଡ
ଲୁଟି ନେଲେ
ଆମର ଖଳାବାଡ଼ି

ଜୁରି ଦେଲେ
ଆମର ଭିଟାମାଟି
ବୁଲେଇ ଦେଲେ
ଆମର ଭରପୁର ଘରେ
କଳା କନା
ଏବେ ଖାଲି ପଡ଼ି ରହିଛି
ସାଲୁ କନାର
ଖଣ୍ଡେ ବାନା ।

ଏବେ ବି,
ଆମ ଦିନ ପରଖିବା ପାଇଁ
ପଦ୍ମତୋଳା ବୋଲିବା ପ୍ରାୟେ
ସେମାନେ
ଶଙ୍ଖ ଫୁଙ୍କୁଛନ୍ତି,
ପଦ୍ମ ଶୁଂଘଉଛନ୍ତି
ହାତ ଦେଖଉଛନ୍ତି,

ଗୋଇଠା ମାରି ଚାଲିଛନ୍ତି
ଆମ ଛାତିକୁ,
ଆମ ପିଠିକୁ
ଆମ ପେଟକୁ,

ନିଲାମ କରି ଚାଲିଛନ୍ତି
ଆମ ଭୋକକୁ,
ଆମ ଲୁହକୁ,
ଆମ ମାଆକୁ ।

ଆମ୍ଭେ କୁମ୍ଭକର୍ଣ୍ଣ
କର୍ଣ୍ଣ ବନ୍ଦ ।

ଚକ୍ଷୁ ବନ୍ଦ ।
ମୁଖ ବନ୍ଦ ।
ତିନିମାଙ୍କଡ଼ଙ୍କୁ କୋଳରେ ପୁରାଇ
ଆମେ ଶୋଇଛୁ ନିଘୋଡ଼ ନିଦରେ ।
ଶୋଉଛୁ
ବର୍ଷକୁ ତିନିଶ' ତେଷଠି ଦିନ
ଝାଡ଼ିଝୁଡ଼ି ହେଇ ଉଠୁଛୁ
ଦି' ଦିନ ।

ସୁନା ପିଲା ପରି ପତକା ହଲେଇ
ଅଣନିଃଶ୍ୱାସୀ ଦୌଡୁଛୁ
ଗଣ ଦୌଡ଼ରେ
ଧଡ଼ପଡ଼ ଠିଆ ହେଇ ପଡ଼ି ବୋଲୁଛୁ
"ଜନ-ଗଣ-ମନ ।"

ଜନଗଣ ମନ ଅଧିନାୟକଙ୍କ
ଜଣାଣ ସରିଗଲେ
ଚୁଟ୍‌କରି ପୁଣି ଶୋଇ ପଡ଼ିବୁ ଯେ
ଉଠୁ ଉଠୁ
ଆଉ ତିନିଶ' ତେଷଠି ଦିନ ।

ସେଦିନ ଅଧରାତିରେ
ସେମାନେ ଦେଇଥିବା
ଲେବେନ୍‌ଚୁସ୍ ଚୋଷି ଚୋଷି
ଆମେ ଯେତେବେଳେ ଡେଉଁଥିଲୁ
ଦିଲ୍ଲୀ ଦାଣ୍ଡରେ
ଆମ ଘରର ମୁରବୀ
ଆମ ମାଟିର ମୁଣ୍ଡିଆଳ ପୁରୁଷ

(ହଲାର୍ ହବାରେ ହେଇଗଲା
ଦିକୋଡ଼ି ବାର ବରଷ !)
କାନ୍ଦୁଥିଲା କୋଉ ଅପନ୍ତରା
ଅନ୍ଧାରୀ ମୁଲକରେ ।

ଦେଖି ପାରୁଥିଲା
ତା' ତିନି ମାଙ୍କଡ଼ଙ୍କୁ
କାହାର ଡ୍ରଇଂ ରୁମ୍‌ରେ
ତା' ଚାରି ସିଂହ
ଠିଆ ହୋଇଥିଲେ
କାହା ଗେଟ୍‌ର ଦୁଇକଡ଼ ଖୁମ୍ବ ଉପରେ;
ତା' ଲୁହଲହୁରେ ଭିଜା
ପତାକା ଉଡୁଥିଲା
ସେମାନଙ୍କ କାର୍ ଆଗରେ ।

ଛଳଛଳ ଆଖିରେ
ସେ ଜଳଜଳ ଦେଖିପାରୁଥିଲା
ଛପି ଛପି ସରୀସୃପ ପରି
ପୁଣି ଆସୁଥିଲା
ଅଗଷ୍ଟ ଚଉଦର ରାତିପରି
ଆଉ ଏକ ବିଶ୍ୱାସଘାତକ
କୃତଘ୍ନ ରାତି
ଅଧରାତି
ଅଗଷ୍ଟ ପନ୍ଦର ।

■

("ଝଙ୍କାର", ଅଗଷ୍ଟ, ୨୦୦୦)

ଈଶ୍ୱରଙ୍କୁ କ୍ଷମାକର୍

ମନୋହରପୁର,
ଈଶ୍ୱରଙ୍କୁ କ୍ଷମା କର୍
କାରଣ ସେ ଜାଣନ୍ତି ନାହିଁ
ସେ କ'ଣ କରୁଛନ୍ତି !

କାହା କାନରେ ଫୁଙ୍କୁଛନ୍ତି
ଦାରା ସିଂ କଲ୍କୀ ଦେବତାର
ଅନୁଗତ ପାଇକ
ପୁଣି କାହା କାନରେ ଫୋଡୁଛନ୍ତି
ଦାରା ସିଂ ଆଣ୍ଟି-କ୍ରାଏଷ୍ଟର୍
ଜଘନ୍ୟ ଘାତକ ।

ମସ୍ତକ ଦେଇଥିବା ଏ ଈଶ୍ୱର
ଟୋପିରୁ ଚିହ୍ନଉଛନ୍ତି
କିଏ ଧାର୍ମିକ, କିଏ କାଫେର
ଲମ୍ବା ଟୋପିକୁ ଦେଖାଇ କହୁଛନ୍ତି
"ଗୋଲ୍‌ଟୋପି, ତାକୁ କତଲ୍ କର୍ ।"

ଆଗ ମେଢ଼ର ଦୁର୍ଗାକୁ କହୁଛନ୍ତି
"ପରୱା ନାହିଁ, ଆଗେଇ ଚାଲ୍"

ପଛ ମେଢ଼ର ଦୁର୍ଗାକୁ ଉସ୍କାଉଛନ୍ତି,
"ପକା ବୋତଲ୍ ।"

ଶୁଣିଥିଲି,
ଈଶ୍ୱର ଆଉ ତା'ର ସଂସାର
ଓଲଟବୃକ୍ଷ ।
ଆକାଶ, ପାତାଳ, ପୃଥିବୀକୁ
ଆବୋରି ବସିଥାଏ
ମାଆ ପରି ।
ଏବେ ଦେଖୁଛି
ସବୁ ମିଛ
ଏଠୁ ମନୋହରପୁର ଯାଏ
ସବୁ ଆଡ଼େ ଫାଟ
ସବୁ ଫାଟରେ
ଈଶ୍ୱର-ବରଗଛ !

ତୋ ଭିତରର
ବହଳ ଅନ୍ଧାର ଭିତରେ
ତୁ ଯାହାକୁ ଜପୁ,
ମା' ପରି
ତୋତେ ଆବୋରି ବସିଥିବା
ତୋର ଅଷ୍ଟ ମାତୃକା
ଅଷ୍ଟ ରିପୁ,
ତୋ ଭିତରୁ କୁହାଟ ଛାଡୁଥିବା,
ତୋ ଭିତରୁ ରେ' ରେ' କାର ରବ କରୁଥିବା,
ତୋ ଉପରେ ସବାର ହୋଇଥିବା
ଏ ଅଶରୀରୀ ଅତୃପ୍ତ ଆତ୍ମା
ଏ ଅଣାକାର କୋକବାୟା
କ'ଣ ସତରେ ତୋ ଆତ୍ମାର ଅଧୀଶ୍ୱର ?

ଏ କଳିମଞ୍ଜି
କ'ଣ ସତରେ ବିଶ୍ୱବୀଜ ଈଶ୍ୱର ?

ମନୋହରପୁର୍
ଯଦି ନିଜକୁ କ୍ଷମା ଦେଇ ପାରୁଛୁ
ତେବେ କ୍ଷମା ଦେ
ତୋର ଏ ଅବୋଧ ଆତ୍ମଜକୁ
କାରଣ ସେ ଜାଣେ ନାହିଁ
ସେ କ'ଣ କରୁଛି ।

■

("ଝଙ୍କାର", ଜାନୁୟାରୀ, ୨୦୦୦)

ଗଛ ଉପରୁ କାଳିଦାସ

କାହିଁକି କେଜାଣି,
ଏ ବାଟରେ ଗଲାବେଳେ
ଏଇ ଗଛଟାକୁ
ଚଢ଼ିବାକୁ ଇଚ୍ଛାହୁଏ
ଚଢ଼ିଗଲା ପରେ
ଇଚ୍ଛାହୁଏ ହାଣିବାକୁ
ବସିଥିବା ଡାଳ !

ଆଉ ଖଣ୍ଡେ ଦୂର ଯାଇଥିଲେ
ମୁଣ୍ଡିଆ ଉପରେ
ଏବେ ବି ଅକ୍ଷତ ଥିଲା ବିକ୍ରମର
ରତ୍ନ ସିଂହାସନ
ଯା' ଉପରେ ବସିଗଲେ ଗାଈଆଳ ଟୋକା
ପାଏ ଦିବ୍ୟ ଜ୍ଞାନ ।

ଆଉ ଖୋଜେ ଯାଇଥିଲେ
ବସିଥିଲା ଦରବାର
ନବରତ୍ନ ବଛାବଛି
ବଣ୍ଟା ହେଉଥିଲା
ପାଟ ଯୋଡ଼
ଆବର କୁଣ୍ଡଳ ।

ମୋ ଆଗରୁ ଆହୁରି ଅନେକ
ପଡ଼ିଛନ୍ତି ଏ ଗଛ ପାଲରେ
ଅଟ୍‌କିଛନ୍ତି ଏଇଠାରେ
ଆଗ ରାସ୍ତା ଭୁଲି ।
ନିର୍ବୋଧ, ପାଗଳ
କାଟିଛନ୍ତି, ନିଜ ହାତେ
ବସିଥିବା ଡାଳ ।
ଭାଙ୍ଗିଥିଲା ମେରୁହାଡ଼ କା'ର
ଅଣ୍ଟା କା'ର ଭାଙ୍ଗିଛି ଅଥବା
ଆଉ କିଏ ତଳେ ପଡ଼ି କଲା ସ୍ୱର୍ଗବାସ ।

ତଥାପିରେ ମୂର୍ଖ କାଳିଦାସ
ଓହ୍ଲାଉନୁ ଏ ଗଛରୁ
ଆତ୍ମରତି ଆନନ୍ଦଲୋକର
ଛାଡ଼ି କିଆଁ ବରୁଛୁ ତୁ
ଆତ୍ମଘାତି ଏ ଅନନ୍ଦଲୋକ ?

କାଠୁରିଆ ପରି ମୋ ଆଗରେ
ଛିଡ଼ା ଏଇ ଗଛ
ଓଗାଳୁଛି ବାଟ
ପୁଣି ମୋତେ ଟାଣି ନେଇ
କୋଳକୁ ତା'
କହୁଛି, "ନିର୍ବୋଧ-
ଏଇଠି ତୋ ରାସ୍ତା ଶେଷ
ଏଇ ତୋର ବୋଧିବୃକ୍ଷ
ଏଇ ତୋର ନିର୍ବାଣର ପଥ ।

■

କଟକ, ୧୨, ୪,୨୦୦୦
("ନବଲିପି", ଜାନୁୟାରୀ, ୨୦୦୧)

"... ଓ ଅନ୍ୟାନ୍ୟ କଥା ଉପକଥା"

(ଗାଳ୍ପିକା ଭଉଣୀ ଲତା ମହାନ୍ତିଙ୍କୁ, ଜନ୍ମ ଦିବସରେ)

ତୁମର ଗପମାନଙ୍କ ପରି
ସବୁ ଜନ୍ମଦିନ
ଦୈର୍ଘ୍ୟ-ପ୍ରସ୍ଥରେ ଖୁବ୍ ଛୋଟ ବୋଲି
ଛଳନା କରନ୍ତି ।

ସବୁ ଅବିନାଶ
ବିନାଶଶୀଳ,
ସବୁ ମିନିବୋଉ
ଏକା ନିଃଶ୍ୱାସକେ ପଢ଼ି ହୋଇଯାଉଥିବା
ମିନି ଗପ ପରି ଲାଗନ୍ତି

ନିଠେଇ ନିଠେଇ ପଢ଼ିଲେ
ସବୁ ଜନ୍ମଦିନ
ବିଷ୍ଣୁ ଶର୍ମାର ଗପ
ଆକାଶ-ପାତାଳ ଆବୋରି ବସିଥିବା
ବାମନର ପାଦ ।

ଜନ୍ମଦିନ ଗୋଟାଏ ଗପ
ଗୋଟାଏ ସମଝୌତା
ବାକ୍‌ର ଅର୍ଥ ସାଙ୍ଗରେ
ବଉଳାର ବାଘ ସାଙ୍ଗରେ ।

■

ଭୁବନେଶ୍ୱର, ତା ୯.୨.୧୯୯୨

ସିଡ଼ି ମଣିଷ

(ନୂଆବର୍ଷରେ କନ୍ୟା ଇତିଶ୍ରୀକୁ)

ଝନ,
ଡିସେମ୍ବର ଏକ୍‌ତିରିଶ
ଆଉ ଜାନୁୟାରୀ ଏକ
ଭିତରେ ପ୍ରଭେଦ କ'ଣ ?

କ'ଣ ପ୍ରଭେଦ ଜାନୁୟାରୀ ଏକ
ଆଉ ଜାନୁୟାରୀ ଦୁଇ ଭିତରେ
କେବଳ କ୍ୟାଲେଣ୍ଡର ପୃଷ୍ଠା ଓଲଟାଉଥିବା
ମଣିଷ ପାଖରେ ?
ଯୋଉ ଲହଡ଼ି ଫେରିଯାଏ
କ'ଣ ପ୍ରଭେଦ,
ମାଡ଼ି ଆସୁଥିବା ଲହଡ଼ିଠାରୁ
ସମୁଦ୍ର କୂଳରେ
ଲହଡ଼ି ଗଣୁଥିବା ମଣିଷ ପାଖରେ ?

ସେଇ ଏକା ତାରିଖମାନଙ୍କରୁ
ସମୟ ଚିପୁଡ଼େ
ସେଇ ଏକା ଲହଡ଼ି ଭାଙ୍ଗି
ସମୁଦ୍ର ପହଁରେ
ଯିଏ ନିଜକୁ ନିଜେ ଅତିକ୍ରମ କରିବାକୁ
ନିଜକୁ ସିଡ଼ିଟିଏ କରୁଥାଏ
ପ୍ରତିଦିନ
ଚିରଦିନ ।

।।ଇତି।।
ବାବା

(କଟକ, ତା୨୪.୧୨.୯୩)

ଅନ୍ଧ ଭୋକ

(ମୋର ବୋହୂ ମାଓ ଓ୍ୱେନ ଚୁଇଁକୁ)

ସମ୍ରାଟର ଭୋକମାନେ
ଠିଆକଲେ ମେଘନାଦ
ଅଭେଦ୍ୟ ପାଚେରୀ
ସାଧାରଣ ମଣିଷର ଭୋକ
ବାନ୍ଧିଥାଏ ସେତୁ
ଲୋଡ଼େ ଯେଣୁ
ବନ୍ଧୁଟିଏ ନଈ ଆରପାରି ।

ସେମାନେ ବସାନ୍ତି ଭାଗ
ଜଳ, ସ୍ଥଳ,ପାହାଡ଼, ଜଙ୍ଗଲ
କୂଟ ଭେଦ ଯୁଦ୍ଧ ଦେଇ
ମଣିଷର ଖପୁରୀ ଓ ଛାତିକୁ କରନ୍ତି
ନିତି ଫାଳଫାଳ ।

ସାଧାରଣ ମଣିଷର ଭୋକ
ହୁଏ ନାହିଁ ଭାଗ ।
ଅଦାହ୍ୟ, ଅକ୍ଳେଦ୍ୟ
ପୁଣି ସିଏ ସର୍ବଗତ ।

ହସ୍ତୀ, ଅଶ୍ୱ, ପଦାତି ବା ରଥ
ଖଡ୍ଗ, ବର୍ଚ୍ଛା, କମାଣ ବା ତୀର
ଅଟକାଇ ପାରେ ନାହିଁ
ଅଜେୟ ସେ
ଭୋକ ପଟୁଆର ।

ଭୋକ ମାନେନାହିଁ ମନ୍ତ୍ରୀ
ସନ୍ଧି ବିଗ୍ରହକ
ଅବା ସେନାପତି
ବ୍ୟୂହ, କୂଟନୀତି ।
ସେ ଭୋକ ଭୂଗୋଳ
ମାନେ ନାହିଁ ତୁମ ହାତ ତିଆରି ଏ
ଇତିହାସ ଅବା ତିନିଗାର ।

ଦେଖିଥିଲି ହୁଏନ୍‌ସାଂ ଭୋକ
କୋଟ୍‌ନିସ୍ ଭୋକ ଆଉ
ଭୋକ ବୀର ନାଗଭୂଷଣର
ତାଡୁଥିଲେ ବୋକା ବୁଢ଼ାପରି
ସାବଳରେ ହିମାଳୟ ଚେର ।

ଶୁଣିଥିଲି ଟଳିପଡ଼ିଥିଲା
ବାଷ୍ଟାଇଲ୍ ଯତନ୍ ନଗର
ବୋକା ବୁଢ଼ା ଛାର ସାବଳରେ ।
ଏବେ ଦେଖେ
କି ବିଚିତ୍ର,
ମେଘନାଦ ସୁଦୀର୍ଘ ପାଚେରୀ
ଗଳି ପଡ଼େ ଦୁଇବୁନ୍ଦା
ଗରମ ଲୁହରେ !

ଦାମ୍ଭିକ ରଜାର ଭୋକ
ମଥାନତ କଲା ପୁଣି ଥରେ
ୱାନ୍ ଆଉ ଜିଆଙ୍ଗ୍‌ନୁର
ସେ ଭୋକ ପାଖରେ ।

ଅମାତ୍ୟ ବା କାପଟିକ
ପୁରୋହିତ ବିଶ୍ୱକର୍ମା ଯେତେ
ତିଆରି କରନ୍ତୁ ପଛେ
ଜାଉଁଳି କବାଟ ଅବା
ଅଭେଦ୍ୟ ପାଚେରୀ
ଏ ଭୋକର ମହାବାତ୍ୟା
କେଉଁଠାରେ କେବେ ହେଲେ
ଯାଇନାହିଁ ହାରି ।

ଭୀମକର୍ମା ଭୋକ
ହିଡ଼ବାଡ଼ ଭାଙ୍ଗି ଯୋଡ଼ି ଦେବ
ଏରସମା ଧାନ କିଆରୀକୁ
ଚ୍ୟାଙ୍ଗ୍‌ଡିଙ୍ଗ୍ ସୋୟାବିନ୍
କିଆରୀ ସାଥିରେ ।
ପୀତନଦୀ ମହାନଦୀ ଏକାକାର ହେବ
ହୃଦୟର
ମହାସମୁଦ୍ରରେ ।

ରଜାର ପାଇକମାନେ ଗଢୁଥାନ୍ତୁ
ହିଡ଼, ବାଡ଼, ଦୁର୍ଗର ପ୍ରାଚୀର
ଚାଲ୍ ଆମେ ଉଡ଼ିଯିବା
ଭୋକର ପିଠିରେ
ସୀମାସରହଦହୀନ
ଆକାଶରୁ ଆଉ ଆକାଶକୁ
ଦୂରନ୍ତ ଏ ସ୍ୱର୍ଣ୍ଣପକ୍ଷ
ଡ୍ରାଗନ୍ ଡେଣାରେ ।

■

(କଟକ, ତା ୧ ଅକ୍ଟୋବର ୨୦୦୦)

ସିସିଫସ୍‌ର କେତୋଟି ସୂକ୍ତ

"Nothing great enters the life
of the mortals without a curse."

– Sophocles, '*Antigone*'

"ବିପୁଳତା,
ପ୍ରବେଶ କରିବାକୁ ହେଲେ ମରଣଧର୍ମାର ଜୀବନରେ
ଆବଶ୍ୟକ ପଡ଼େ ଗୋଟାଏ ଅଭିସମ୍ପାତ୍ ।"

– ସୋଫୋକ୍ଲିଜ୍ (*ଆଣ୍ଟିଗନୀ* ନାଟକ)

ସିସିଫସ୍‌ର ସକାଳ

ରାତିସାରା
ରାତିକୁ ଠେଲି ଠେଲି
ସକାଳ ଆଣୁଥିବା ମଣିଷ ପାଇଁ
ସକାଳ ବି
କ୍ଳାନ୍ତ ଏକ ରାତି ।

'ସକାଳ', 'ସକାଳ' ବୋଲି
ହୁରି ଛାଡୁଥିବା
କୁକୁଡ଼ା ଯେପରି
ଖୁଆଡ଼ରେ
ସକାଳ ଜହ୍ଲାଦର
ପ୍ରଥମ ବଳି ।

ଏ ଅନ୍ଧାର କୁଣ୍ଡର
କେଉଁ ରସାତଳେ
ଲାଖି ରହିଥିବା
ବୁନ୍ଦାଏ ସକାଳ ପାଇଁ
ରାତି ସାରା ବାଲି ଗରଡ଼ା
ପକାଉଥିବା ନିର୍ବୋଧ କାକ
ଅନ୍ଧାର ଥିବ
କହିଯାଉଥିବ
ନିଶ୍ଚେ ଶୋଷଯାଏ
ପାଣି ଉଠିବ ।

ନିଜ କ୍ରୁଶ୍ ନିଜେ ବୋହି
ଗୋଲ୍‌ଗାଥା ଶିଖରକୁ ଉଠୁଥିବା
ସେଇ ମଣିଷଟି ପରି
ସୂର୍ଯ୍ୟକୁ ଠେଲି ଠେଲି
ପର୍ବତ ମଥାନକୁ ନେଉଥିବ ସିସିଫସ୍
ପ୍ରତିଦିନ
ଚିରଦିନ ।

■

("ଝଙ୍କାର", ମାର୍ଚ୍ଚ, ୧୯୯୫)

ପୃଥିବୀ ସୂକ୍ତ

ହେ ଜନନୀ, ମାଗେ ବର
ଆଉ ଥରେ ଦୁଇଫାଳ ହୁଅ
ଜଠର ଅନ୍ଧାରେ ତବ
ଆଉ ଥରେ ସ୍ଥାନଟିକେ ଦିଅ ।

ମୁଁ ଅଧମ ଜ୍ଞାନପାପୀ ତୋହରି ସନ୍ତାନ
ଯାହାରେ ଗୋ ଅନସୂୟା ଚାହିଁଥିଲୁ
ଦେବାପାଇଁ ଚିର ସ୍ତନ୍ୟପାନ ।

ମୁଁ କିନ୍ତୁ କିଶୋର ହେଲି, ହେଲି ମୁଁ ତରୁଣ
ହେଲି ପୁଣି ସୁପୁରୁଷ ଯୁବା
ଜ୍ଞାନବୃକ୍ଷୁ ଫଳ ମୁଁ ଖାଇଲି,
ହେଲି ମୁଁ ସୋମପା ।

ଏକରୁ ଅନେକ ହେଲି
ମରୁତ୍ ଓ ବରୁଣ, ଇନ୍ଦ୍ର, ଅଗ୍ନି, ଯମ।
ଭଣିଲି ସହସ୍ର ମନ୍ତ୍ର
ମୋ ଛାଇଙ୍କୁ କଲି ଆବାହନ
ଆଜି ମୋତେ ଲାଗେ ଭାରି ଡର
ମୋ ଠାରୁ ମୋ ଛାଇମାନେ ବଡ଼ ।

ଆଜି ହାୟ, ମୋ ଠାରୁ ମୋ ଛାଇମାନେ ବଡ଼
କିଏ ଶ୍ୟାମ, କିଏ ପୀତ, କିଏ ଇନ୍ଦ୍ରନୀଳ
କା' ହାତେ ମୋ ଜୀବନ ଫଗୁଆ
କା' ହାତେ ତ୍ରିଗୁଣ ରଜ୍ଜୁ
କା' ହାତେ ମୋ ଦାନାପାଣି ଥୁଆ
ଆଜି ମୋର ହୁଏ ମତିଭ୍ରମ
କସ୍ମୈ ଦେବାୟ ମାତା, ହବିଷା ବିଧେମ ?

ମୁଁ ପୁଙ୍ଗବ ଇଡ଼ିପସ୍
ଯିଏ ତୋତେ ମାଗିଥିଲା ବର
'ମୋତେ ମାତ ବହୁବର୍ଣ୍ଣ ବହୁରୂପା କର'
ତଥାସ୍ତୁ କରିଲୁ ଏବଂ
ପାଲଟିଲି ମୁଁ ନବ ଗୁଞ୍ଜର !

ଆଖିଡ଼ୋଳା ଚାନ୍ଦି ହେଲା
ପାଟିରେ ମୋ ସର୍ପଜିହ୍ୱା ଲହଲହ କଲା
ଶୃଗାଳର ପୁଚ୍ଛ ପୁଣି ଶ୍ୱାନ ଲିଙ୍ଗ, ବ୍ୟାଘ୍ର ନଖ ନାଇ
ତୁରଗର ବ୍ରହ୍ମଚର୍ଯ୍ୟ, ନମୁଚିର ଅମରତା ପାଇ
ମୁଁ ହେଲି ଅଜେୟ
ମାତାର ଚମଡ଼ାତଳ ନାରୀଦେହ ପ୍ରତି ଦୁର୍ଗ
କରିବାକୁ ବସିଲି ମୁଁ ଜୟ ।
ତୋ ଆଖିରେ ପୋତିଲି ଚିମିନି
ତୋ ଛାତିର ସ୍ତନୁ ସ୍ତନାନ୍ତରେ
ତାଣ୍ଡବ ରଚିଲି
ତାକୁ ସବୁ ସମତଳ କଲି ।
ତୋ ହିରଣ୍ୟ ଗର୍ଭ ଭେଦି ରତ୍ନ ଆହରିଲି
ତୋ ମାତୃ-ଗହ୍ୱରେ ପୁଣି ଅଣୁଗୋଳା ବିସ୍ଫୋରଣ କଲି ।

ସର୍ବଂସହା ଆଗୋ ମାତ
ହେଲୁ ନିର୍ବିକାର
ସବୁ ମୋର ଉପଚାର, ସବୁ ଅଭିଚାର
ସହ୍ୟକଲୁ । ପରିପୂର୍ଣ୍ଣ କଲୁ
ତପ ମୋର । କିନ୍ତୁ ହାୟ
ସବୁ ପୁଣି କ୍ଷଣେ ଶୂନ୍ୟ ହେଲା
ଇନ୍ଦ୍ରଜାଲ ନଗରୀ ଏ ଇନ୍ଦ୍ରଜାଲେ କେଣେ ଉଭେଇଲା !

ଖାଲି ଯାହା ରହିଗଲା ବାକି
ଯଜ୍ଞକୁଣ୍ଡ, ହବିର୍ଧାନ, ଅରଣି ଓ ଶହ ଶହ ଯୂପ
ଗଦା ଗଦା ଶ୍ରୁତି, ସ୍ମୃତି, ଗଦା ଗଦା ପୁଣ୍ୟ ଆଉ ପାପ
ସବୁର ଫସିଲ୍
ଏବଂ ଅଛି ବାକି
ଭଗ୍ନରଥ, ଛିନ୍ନ ଶିରସ୍ତ୍ରାଣ
ଶୁଷ୍କ ଗଡ଼ଖାଇ ଏବଂ ପ୍ରାଚୀର ବିହୀନ-
ଦୁର୍ଗ ଯା'ର
ଯକ୍ଷ ବୃଦ୍ଧ କରେ ମୁଁ ରକ୍ଷଣ ।

ହେବାକୁ ଅଜାତଶତ୍ରୁ ମାଗିଥିଲି ବର
ତଥାସ୍ତୁ କରିଲୁ ସତ
ସତେ କ'ଣ ମୁଁ ଆଜି ନିରବୈର ?

ମୋ ଶତ୍ରୁର ମୁଇଁ ଅଟେ କା'
ଅସଂଖ୍ୟ ମୋ ଅଣ୍ଡିଛୁରୀ
ପ୍ରତିବିନ୍ଦୁ ରକ୍ତେ ଲେଖା ମୋ ଶତ୍ରୁର ନାଁ ।

ମୁଁ ଆଜି ବୁଝୁଛି,
ନୁହେଁ ମୁଁ ମାନବ, ଦେବ
ଅଥବା ଦାନବ । କ୍ଷୁଦ୍ର ଅଶ୍ୱତରି

ବିରାଟ ବାରିଧି ବକ୍ଷେ କାମନାର ସ୍ଫୀତ ଏକ ନିଃସଙ୍ଗ ସଫରୀ ।
ତୋ ପ୍ରଦତ୍ତ ଶାଳଗ୍ରାମ ଏଣୁ ହେଲା ମୋ ହାତେ ପଥର
ତୋ ପ୍ରଦତ୍ତ ମୋର ଆତ୍ମା, ମୋର ଏଇ ଅମ୍ଳାନ ବସନ
ଏଣୁ ଜୀର୍ଣ୍ଣ
ଏଣୁ ଆଜି ହେଲା ବିଭାହୀନ !

କ୍ଷମ ଆଗୋ ଅପ୍ନସ୍ୱତି, ହେ ପିତା ପର୍ଜନ୍ୟ
ରସଶୂନ୍ୟ ଶୁଷ୍କତରୁ ମୁଁ ତୁମର ଅଯୋଗ୍ୟ ସନ୍ତାନ
ବୃଦ୍ଧ ମୁଁ ଯଯାତି

ଆଗୋ ପୟସ୍ୱତି
ଗୋଟିଏ କାମନା ବାକି, କର ଫଳବତୀ
ନୁହେଁ ଆଜି ମୁଁ ଯୌବନକାମ, ନୁହେଁ ପ୍ରଜ୍ଞାକାମ
ଚାହେଁ ନା ଅପତ୍ୟ ଅବା ବ୍ରୀହି, ଯବ, ଗାଭି
ତଥାପି ମୁଁ ନୁହେଁ ଗୋ ନିଷ୍କାମ
ମାଗେ ଏକ ବର
କ୍ଷମ ମୋର ଜ୍ଞାନ-ପାପ,
ଜନ୍ମର ଏ ପ୍ରତାରଣା ହର ।
ଜରାୟୁର ଅଜ୍ଞାନ ତିମିରେ
ଦିଅ ମାତ ସୂଚ୍ୟଗ୍ର ମେଦିନୀ
ଦିଅଭରି ଅକଳ୍ପଷ ଭୃଣର ସାଧନା
ଆଦିମ ଅନ୍ଧାର ଏବଂ ଅନାଗତ ଆଲୋକର ସେଠି ବସି କରେ
ନିରାଜନା ।

ବିଶ୍ୱ ଗର୍ଭା, ଦୁଇ ଫାଳ ହୁଅ
ଅତଳାନ୍ତ ବାସନା ମୋ
ତୋର ସେଇ ଅତଳାନ୍ତ ଅନ୍ଧାରେ ହଜାଅ ।

ଅମୃତ ମୁଁ ମାଗେ ମୃତ୍ୟୁ
ଯେଣୁ ଏ ଅଥର୍ବ
କ୍ଷୟହୀନ, ବୃଦ୍ଧିହୀନ ଅମରତା ମୋତେ ପଙ୍ଗୁକରେ
ଆଲୋକରୁ ଘେନ ଗୋ ଅନ୍ଧାରେ
ମୋ ଆଖି ଜଳକା ଯେଣୁ
ରଙ୍ଗମଞ୍ଚ ଆଲୋକ ଜ୍ୱାଳାରେ ।

ଆଗୋ କାମଦୁଧା,
ଅବିଧା, ଅବିଧା
ଯାଚୁଛି ମୋ ଫସିଲ୍‌ର ଯଜ୍ଞ ହବି, ମୋର ପୁଣ୍ୟଫଳ
ନେବା ହେଉ ସ୍ୱଧା ।
ଆଗୋ ଅଗ୍ନିବାସା
ଆଜି ମୋର ସର୍ବାଙ୍ଗରେ ଫିନିକ୍ସ ପିପାସା
ମୋତେ ନଗ୍ନ କର
ଦଗ୍ଧକର
ଚମସରେ ଚମସେ ଗୋ ଦିଅ ବୈଶ୍ୱାନର

ଏବଂ ତା' ପରେ
ଉତ୍ତପ୍ତ ଶବକୁ ମୋର ସ୍ଥାନ ଟିକେ ମିଳୁ
ଉତ୍ତପ୍ତ ତୋ ଜରାୟୁର
ଆଦିମ ଗହ୍ୱରେ ।

■

('ସଂବାଦ'ବାର୍ଷିକ ବିଶେଷାଙ୍କ -୧,୧୯୮୫)

ଆଗ୍ନେୟ ସୂକ୍ତ

ଓଁ ଅଗ୍ନିମୀଳେ,
ଚକ୍ଷୁଜଳେ, କର୍ଣ୍ଣ ଜଳେ
ଜଳେ ଜିହ୍ବା, ଜଳଇ ଜଠର
ହେ ଅଗ୍ନି ତୁମେଇ ଏକା କାହିଁକି ଶୀତଳ ?

ହେ ଅନଳ, କାହିଁକି ଶୀତଳ ଆଜି
ଏ ଆକାଶ, ଏ ତାରା ଚନ୍ଦ୍ରମା
କାହିଁକି ତୁହିନ ସମ ଝଡ଼ି ପଡ଼େ ଖଣ୍ଡ ଖଣ୍ଡ ଶୀତଳ ଅର୍ଯ୍ୟମା ?

ତୁଷାର ଧବଳ ଏଇ ପତ୍ରପୁଷ୍ପହୀନ-
ଶତ ଶତ ବନସ୍ପତି ଛିଡ଼ା ଏଠି ଯୁପର ସମାନ
ତୁଷାରର ଶାଖା ଆଉ ଅର୍ଦ୍ଧଭୁକ୍ତ ତୁଷାର ପିପ୍ପଳ
ତୁଷାରର ଦୁଇ ପକ୍ଷୀ (କିଏ ଭୋକ୍ତା-
କିଏ ସାକ୍ଷୀ ? ଜାଣିବା ନିଷ୍ଫଳ)

ଏ ପଟରେ ଦୃଷଦ୍‌ବତୀ,
ସେ ପଟରେ ନଦୀତମା ଭରା ସରସ୍ୱତୀ
ଦିଗନ୍ତ ବିସ୍ତାରୀ ଯେହ୍ନେ ବୈଶ୍ୱାନର ପଥ
ହଠାତ୍ ସତେ ସ୍ତବ୍ଧ ହେଲା ନୂପୁର ନିକ୍ୱଣ
କୁଳୁ କୁଳୁ ତାନ
ହିମବତ୍ତୁ ନିଃଶବ୍ଦ ମରଣ

ଛପି ଛପି ଛୁଇଁ ଗଲା ସେ ଜଙ୍ଗମ ଜଳ
ପୂର୍ଣ୍ଣଗର୍ଭା ସ୍ରୋତସ୍ୱିନୀ ନିମିଷକେ ପାଲଟିଲେ ଧବଳ ପଥର ।

ତୃଷାଦୀର୍ଣ୍ଣ, ଦଗ୍ଧତୃଣ ବ୍ରହ୍ମାବର୍ତ୍ତ ନିରୁତ୍ତାପ ଆଜି
ନିରବ, ନିଥର
ଦେହ, ଦେହୀ, ସ୍ଥାନ, କାଳ, ଛନ୍ଦ ଆଉ ସୁର
ସର୍ବେ ଆଜି ଏଠି ହାୟ ଅହଲ୍ୟା ପଥର !

ପୁରୁ ପୁରେ
ହିମାଦ୍ରୀର ଶିଖରେ ଶିଖରେ
ଘୁରୁଥିଲା ଯେ ମରୁତ ଅମ୍ବରେ ଅମ୍ବରେ
ଗାଥିକର ମୁକ୍ତପକ୍ଷ ସାମଗୀତି ପରି

ଆଜି ହାୟ ତୁଷାରର ଧବଳ ଉତ୍ତରୀ
ଝୁଲୁଅଛି ଆକାଶରେ ଏ ପାଖୁ ସେ ପାଖ
ନିଶ୍ଚଳ ନିର୍ମୋକ !

ଏହି ମହାକାଳ
ଅଧଃ ଊର୍ଦ୍ଧ୍ୱ ବ୍ୟାପୀ ସତେ
ଶ୍ୱେତ ଏକ ପ୍ରକାଣ୍ଡ ମାର୍ଜାର
ସୃଷ୍ଟିରେ ଆନନ୍ଦ ପାଏ
ପୁଣି ଚାଲି ସନ୍ତର୍ପଣ ପାଦ
ଧବଳ, ଶୀତଳ
ନିଜର ଶିଶୁକୁ ନିଜେ ଅବିଳମ୍ବେ କରଇ ଆହାର
ଅବା ଏକ କାଳ ସର୍ପପରି
ନିଜ ଲାଞ୍ଜ ନିଜେ ଗିଳି ହୁଏ ବୃତ୍ତାକାର
ଆଦିଅନ୍ତ ହୀନ
ଜନ୍ମରୁ ସତେ କି ଖାଲି ଖୋଜୁଥାଏ
ନିଜ ଗର୍ଭେ ହେବାକୁ ବିଲୀନ ।

ହେ ପାବକ,
ରକ୍ଷାକର ଆଜିର ଏ ସୁଦୀର୍ଘ ଅଧ୍ୱର
ରକ୍ଷାକର ହେ ଦେବ ଅଗ୍ରଣୀ
ତୁଷାରିତ ହବିର୍ଧାନ, ତୁଷାରିତ ସମିଧ ଅରଣୀ
ତୁଷାରିତ ଶୂନ୍ୟ ତପୋବନ
ଜଳ, ସ୍ଥଳ, ଗଗନ, ପବନ
ପରୋପ୍ତା, ଉଦ୍ଧିତା ଏଇ କୁଢ଼ କୁଢ଼ ଶବେ ଆଜି ପୂର୍ଣ୍ଣ ।

ହେ କ୍ରବ୍ୟାଦ, ସର୍ବଭୂକ୍
ନିବେଦୁଛୁ ଏଥୁ ରକ୍ଷାକର
ଅବା କର ଆଉଥରେ ଖାଣ୍ଡବ ଦହନ ।
ଅସହ୍ୟ ଏ ଶୀତ ପ୍ରଭୁ
ଅସହ୍ୟ ଏ ଶୀତଳ ଜୀବନ
ଘୋଡ଼ି ହେବା ପାଇଁ ବରଂ
ମିଳୁ ହାତେ କବୋଷ୍ଣ ମରଣ ।

ନୋହୁ ଆମେ ମଧୁଛନ୍ଦା
ନାହିଁ ଆମ ହୋତା ଅବା ଅଧ୍ୱର୍ଯ୍ୟୁ, ଉଦ୍‌ଗାତା
ବିଶ୍ୱତନ୍ତ୍ର ପରି ଆଜି ଋତ୍ୱିକ ଓ ଯଜମାନ
ସବୁ ଆମେ ଏକା

ପୁରୋହିତ ରୂପେ ଆମେ କାହାକୁ ବା କରନ୍ତୁ ବରଣ
ବିଶ୍ୱାମିତ୍ର, ବଶିଷ୍ଠ ବା ଭରଦ୍ୱାଜ ଅବା ବୃଶଯାନ ?
କିଏ କହେ 'ଆମ୍ଭେ ଅଟୁ ଉଦ୍‌ଗାତା ପ୍ରବର'
'ଏକମାତ୍ର ଋଜୁଗାଥ' ବୋଲି ପୁଣି ପ୍ରଚାର କାହାର
'ସ୍ୱୟଂକବି, ମନ୍ତ୍ରକୃତ୍' ଦାବୀକରେ କିଏ
'ତ୍ରିକାଳଜ୍ଞ' ବୋଲି ନିଜ ନାମେ
କିଏ ପୁଣି ଦୁନ୍ଦୁଭି ବଜାଏ
କିଏ କହେ 'ମୁଁ ଯେ ଯାତୁ-ଧାନ

କର୍ମକାଣ୍ଡ ସଂକ୍ଷିପ୍ତ ମୋ
ନିମିଷକେ ଯଜ୍ଞଫଳ ପାଏ ଯଜମାନ' ।

ସେମାନେ ଯେ ତାକୁ ତାକୁ ବଳି
ମହା ମହିରୁହ
ଆମେ କ୍ଷୁଦ୍ର ଅରଣ୍ୟ ଯବସ
ସେମାନେ ଆଗ୍ନେୟ ଗିରି
କ୍ଷୀଣତନୁ ଆମେ ଯେ ଅତସ
ଜୀବନ୍ମୁକ୍ତ, ସ୍ୱପ୍ନମୁକ୍ତ ସେମାନେ ଯେ ଅସନ୍ଦିଗ୍ଧ ଜ୍ଞାନ ସୌଦାଗର
ପାପଦଗ୍ଧ ସ୍ୱପ୍ନାବଦ୍ଧ ଆମେ ଛାର,ଆମେ ଅବତାର
ଅସଂଖ୍ୟ ପ୍ରଶ୍ନର ।

ଯେ ପକ୍ଷୀ ପାଇଛି ନୀଡ଼ ତାକୁ ଆମ ଦୂରରୁ ଜୁହାର
ଅଭିଶପ୍ତ ବଦ୍ଧଜୀବ
ଆମେ ଜାଣୁ ଖାଲି ଉଡ଼ିବାର
ମୃତ୍ୟୁଧର୍ମା ଆମ ପାଇଁ ସବୁ କିଛି ଅଟଇ ଭଙ୍ଗୁର
ଶାଶ୍ୱତ କେବଳ ଅଟେ
ଏ ଏଷଣା
ଖୋଜିବାର, ନୁହେଁ ପାଇବାର ।
ଖୋଜିବୁ, ପାଇବୁ ପୁଣି ହଜାଇବୁ ପୁଣି ଯେ ଖୋଜିବୁ
ପ୍ରଶ୍ନର ଆବର୍ତ୍ତେ ପଡ଼ି ଜୀବନକୁ ପ୍ରଶ୍ନେ ହଜାଇବୁ
ଯେସନ ନିର୍ବୋଧ-
ଶିଶୁ ସଦା ଅତୃପ୍ତ, ଅବୋଧ ।

ସତ୍ୟ ନୋହୁ ଆମପାଇଁ ପ୍ରଭୋ
ନିରାପଦ ନିଶ୍ଚଳ ଆଳୟ
ସତ୍ୟ ନୋହୁ ମେଘନାଦ ଅଚଳ ପ୍ରାଚୀର
ଦିଅ ପ୍ରଭୁ ସୁବିସ୍ତୃତ ସତ୍ୟ-ଦିଗ୍‌ବଳୟ ।

ନୁହେଁ, ନୁହେଁ, ନୁହେଁ ପ୍ରବ୍ରଜନ
ଟିକି ଚଢ଼େଇଟି ପରି ଟିକିଏ ପାଣିରେ
ଆମେ ଚାହୁଁ ପୂର୍ଣ୍ଣ ନିମଜ୍ଜନ ।
ଏଣୁ ଆଜି ଆମେ ଯଜମାନ, ଆମେ ହିଁ ଯାଜକ
ଆବାହନ କରୁ ଆମେ ଦେବ ପୁରୋହିତ
ହେ ଅଗ୍ନି, ପାବକ
ବ୍ରତପତେ, ଆହେ ଦେବ ନିତ୍ୟ ପୁରାତନ
ପ୍ରଜ୍ଞାହୀନ,କର୍ମକାଣ୍ଡହୀନ, ଆଚାରବିହୀନ
ଆମେ ବ୍ରାତ୍ୟ, ନିନ୍ଦିତ, ପତିତ
ତଥାପି ସାହସ ବାନ୍ଧି କରିଅଛୁ ବ୍ରତ
ଲୋଡ଼ା ନାହିଁ ଅପବର୍ଗ,
ଲୋଡୁନାହୁଁ ପ୍ରଜା, ଆୟୁ, ଯଶ, ମୁକ୍ତି, ରଥ, ଗଜ, ଗାଭୀ
ନୁହଁଇ ପ୍ରାର୍ଥନା ଆମ ଦୂତ ପ୍ରାୟେ ବହି ନେବା ପାଇଁ
ଦେବଗଣେ ହବିଃ ।

ପ୍ରାଣ ଏ ବାୟୁରେ ଲୀନ, ଚକ୍ଷୁ ସୂର୍ଯ୍ୟେ ଲୀନ
ହେବାର ଆଗରୁ ପ୍ରଭୁ ହେଉ ଯେ ବିଲୀନ
ଆମର ଏ ବିଲୟର ଭୟ
ତୁଷାରିତ ବାକ୍ ଆମ ଥରେ ସ୍ଫୁର୍ତ୍ତ ହେଉ
ତୁଷାରିତ ଏ ହୃଦୟ ଥରେ ମୂର୍ତ୍ତ ହେଉ
ଆହେ ବରାଭୟ ।

ବଡ଼ବାଗ୍ନି, ଦାବାଗ୍ନି ଅବା ବ୍ରାହ୍ମାଗ୍ନିର ସେହି ଧୂମ୍ରଜଟା
ଲେଲିହୀନ ସପ୍ତଜିହ୍ୱା ଅଥବା ଦ୍ୱିମୁଖ
ପାରିବୁନି ଭରି
ସାମିଧେନୀ ଅନୁବଚନ ଯେ ଜାଣୁ ନା ଉଚ୍ଚାରି ।

ନୋହୁ ଆମେ ରଜାର ଋତ୍ୱିକ, ନୋହୁ ରାଷ୍ଟ୍ରଗୋପ
ପାରିବୁ କେସନେ ତୋଷି ତୁମର ସେ ମହା ବିଶ୍ୱ-ରୂପ

ଦର୍ଭ, ଘୃତ, ଯବାଗୁ ବା ସୋମ
ନାହିଁ ଆମ ଉପଭୃତ, ଜୁହୁ, ଉପଯାମ
ନାହିଁ ଯଜ୍ଞ ବେଦୀ
ରଖିଛୁ ସମ୍ପାଦି ଖାଲି
କ୍ଷୀଣତନୁ ମାଟିର ପ୍ରଦୀପ
ବିରହିଣୀ ସ୍ୱାହା ପରି ଯା' ଅନ୍ତରେ
ସଦା ଜାଗରୂକ
ପ୍ରଣୟାର୍ଦ୍ର ଅସୀମ ପିପାସା ।

ସ୍ୱାହାପରି ଅନିବାର ତା'ର ଅଗ୍ନିତୃଷା
କର ନିବାରଣ
କରୁ ଭିକ୍ଷା କରୁଛୁ ଜଣାଣ
ଅବତର ପ୍ରଭୁ
ହୋଇ ଏକ କ୍ଷୀଣ, ଖର୍ବ ଶିଖା
ହିମ, ବର୍ଷା, ତୁଷାର, ଝଞ୍ଜିକା
ସବୁ ସହ୍ୟକରି
କ୍ଷୀଣ କିନ୍ତୁ ସ୍ପଷ୍ଟ, ସ୍ୱଚ୍ଛ ଆଲୋକର ବାରି
ଖର୍ବ କିନ୍ତୁ ସଦା ଊର୍ଦ୍ଧ୍ୱବାହୁ
ଜ୍ୟୋତି ତରବାରୀ ।

ପୂର୍ଣ୍ଣରୁ ସଦା ପୂର୍ଣ୍ଣ ନେଇ
ଯାହା ସଦା ଅପୂର୍ଣ୍ଣ ରହଇ
ସେହି ଜ୍ୟୋତି ହେଉ ଆମ ପାଥେୟ ଆଗାମୀ
କର ଦୟା, କର ଦୟା ସ୍ୱାମି
ଇଦମହମନୃତାତ୍ ସତ୍ୟମୁପୈମି
ଇଦମହମନୃତାତ୍ ସତ୍ୟମୁପୈମି
ଇଦମହମନୃତାତ୍ ସତ୍ୟମୁପୈମି ।

■

କଟକ, ଅଗଷ୍ଟ ୧୯୭୯
('ସଂବାଦ', ବିଶେଷାଙ୍କ-୨,ଅକ୍ଟୋବର ୧୯୮୬)

ବୃକ୍ଷ ସୂକ୍ତ

ନିଘଞ୍ଚ ନିକାଞ୍ଚନ
ଅଗନା ଅଗନି ବନସ୍ତରେ
ଗଛଟାଏ ଟଳି ପଡ଼ିବାର ଶବ୍ଦ
ଶୁଣିବାକୁ ଯଦି କାନ ନଥାଏ
ବୁଢ଼ାପତ୍ରପରି ଶବ୍ଦ ବି
ଥପ୍‌କରି
ନୀରବରେ ଝରିଯାଏ ।

ହେ ଈଶ୍ୱର,
ମୋ ବିନା
ଏ ଶାଳବନ ତୁମ
ଓଲଟ ବୃକ୍ଷର
ଶୂନ୍‌ଶାନ୍ ନିଛାଟିଆ
ଏକ ଅସମ୍ଭୁତି
ଏ ଆତ୍ମରତି
ଆତ୍ମ-ନିର୍ବାସନ ।

ହେ ଈଶ୍ୱର,
ବସନ୍ତ ପରି ତୁମେ ଏକ
ମିଛ ଋତୁ
ଚନ୍ଦ୍ରିକା ପରି

ମିଛ ଆଲୋକର
ମିଛ ବର୍ଷା
ତଥାପି କାହିଁକି ତୁମେ
ଝରିବାର ଛଳନା କରିଲେ
ଉର୍ମି ଉଠେ ଶିରାରେ ଶିରାରେ
ଦେହରେ ମୋ କଇଁଫୁଟେ
କାହିଁକି ସତରେ !

ମିଛ ଅରଣ୍ୟରେ
ହେ ବିଶ୍ୱବୀଜ
ନିଃଶଵ୍ଦ ଅକ୍ଷର
ବାରବାର
ନେଉଥାଅ ବୃକ୍ଷ ଅବତାର ।

ତମକୁ ବୁଝିବା ପାଇଁ
ବାରବାର
ମୋତେ ଏକ ନିର୍ବେଦ
କାଠୁରିଆ କର ।

(କଟକ,ଫେବୃୟାରୀ ୪, ୧୯୯୫)

ପୁରୁଷ ସୂକ୍ତ

ହେ ଅଶ୍ୱ,
ହେ ବଳିପୁଶୁ
ଚୂର୍ଣ୍ଣକର ମୋର ଏହି ଦର୍ପର ଯୂପକୁ
ଅସୁମାର ଯଜ୍ଞବେଦୀ
ଅସୁମାର ତୃଷାର୍ତ୍ତ କୁଣ୍ଡକୁ ।
ହେବା ପାଇଁ ଚକ୍ରବର୍ତ୍ତୀ ଏକରାଟ୍
ବାରବାର ବୁଲାଇଛି ତୁମକୁ ମୁଁ
ରାଜଦ୍ୱାର, ମନ୍ଦିର, ବିପଣୀ
କେବେ ପୁଣି ବେଶ୍ୟାର ପଲ୍ଲୀରେ
କେତେବେଳେ ହୟ ଅବା
ବାଜି, ଅର୍ବା କରି
ଘୂରାଇଛି ଅନ୍ତରୀକ୍ଷେ ଆକାଶେ ପାତାଳେ ।
କରିବାକୁ ମୋ ଆକାଶ
ଅସ୍ତହୀନ,ବିସ୍ତୀର୍ଣ୍ଣ,ଉଜ୍ଜ୍ୱଳ
ଚୋରୀ କଲି ତୁମ ସମ୍ମୁଖରୁ
ପୂର୍ବାଶାର ସୁବର୍ଣ୍ଣ ମହିମା
ଭରିବାକୁ ମୋ ଭୂମିରେ ଚିର ସବୁଜିମା
ତମକୁ ମେରିଆ କଲି
କିନ୍ତୁ ହାୟ ତୁମପରି
ମୁଁ ବି ଆଜି ହେଲି ଅବତାର
ଅସରନ୍ତି ମୃତ୍ୟୁ ଆଉ ଅନିର୍ବାଣ
ଅପୂର୍ଣ୍ଣ କ୍ଷୁଧାର ।

ଅତଳାନ୍ତ କ୍ଷୁଧା
ଚକ୍ରବର୍ତ୍ତୀ ଆଜି ଏଇ
ଅନ୍ଧତମ ଅନନ୍ଦଲୋକର ।
ସବୁରି ଭିତରେ ଥାଏ
ଖଣ୍ଡେ ଅଧେ ପଠା ବାଲୁଚର
ମୋ ନିର୍ଜନ ବାଲୁଚର ଆଜି
ଅଜଗର-କ୍ଷୁଧାରେ ପାଗଳ
ଧୀରେ ଧୀରେ ଗିଳିଚାଲେ
ମୋର ସ୍ରୋତସ୍ୱୀନୀ,
ତା କୂଳର ସବୁଜ ପ୍ରାନ୍ତର ।

ମହାକାଳ !
ସମୟର ଯୁପେ
କରୁଅଛ ନିତିନିତି ନିଜକୁ ତର୍ପଣ
ନିତି ନିତି କରୁଅଛ
ମୁହୂର୍ତ୍ତ ପାଖରେ
ଆତ୍ମ ସମର୍ପଣ
ଘୋଷୁଅଛ,
ଜନ୍ମ ଅଟେ ମୃତ୍ୟୁ ପାଇଁ
ପ୍ରଥମ ପ୍ରସ୍ତୁତି
ଉଭୟ ମଝିରେ
ଦିଗହୀନ ଅସୂର୍ଯ୍ୟ ପ୍ରାନ୍ତର
ବଳିଭୂମି,ଅସଂଖ୍ୟ ଅର୍ଗଳ ।

ହେ ମୃତ୍ୟୁ, ହେ ଅଦିତି
ହେ ଆଦିମ କ୍ଷୁଧା
ହେ ହିରଣ୍ୟଗର୍ଭ ତୁମପରି
ମୋତେ କର ମୋର ବଳିପଶୁ
ମୋର ଯଜ୍ଞବେଦୀ ।

ଲେଲିହାନ ଏ ଅର୍କର
ଜ୍ୱଳନ୍ତ ଜଳରେ
ମୋର ହେଉ ନିତି ଅଭିଷେକ
ମୋ ଅର୍ଜିତ ତ୍ରିପାଦ ଭୂମିରେ
ମୁଁ ହୁଏ ସମ୍ରାଟ ।

ବିଶ୍ୱବୀଜ,
ମୋତେ ମଧ୍ୟ ବୀଜଟିଏ କର
ତୁମ ପରି ନିତି ନିତି
ଦୁଇଫାଳ କରେ ମୁଁ ନିଜକୁ
ନିତି ନିଜ ଗର୍ଭ ଚିରି
ଜନ୍ମଦିଏ ନିଜ ଅଙ୍କୁରକୁ ।

ତୁମପରି
ମୋ ଭିତରୁ ଅଙ୍କୁରିତ ହେଉ
ଏକରୁ ଅନେକ
ତୁମପରି ମୋ ଭିତରେ
ଶାଖାମେଲୁ
ସହସ୍ର ମସ୍ତକ
ସହସ୍ର ଚକ୍ଷୁ ଓ କର୍ଣ୍ଣ
ପାଣି, ପାଦ, ସହସ୍ର ଜଠର ।

ଧୂମ୍ରାଭ ଏ ଅଙ୍ଗୁଳି ପ୍ରମାଣ
ପ୍ରାଣବାୟୁ ଊର୍ଦ୍ଧ୍ୱେ ଉଡ଼ି
ହେଉ ଧୂମଜ୍ୟୋତି
ଗର୍ଭବତୀ ବର୍ଷଣ ବାଦଲ
ନିଃଶେଷିତ ହେଉ ଜନ୍ମ ଦେଇ
କୁଳୁକୁଳୁ ଶହସ୍ର ନିର୍ଝର
ସାଗର-ପାଗଳ ।

ହେ ମହାନ୍ କବିକ୍ରତୁ
ତୁମ ସାମଗୀତି
ମୋଠାରେ ରୋପଣ କର
ମୋର ସତ୍ତା ହେଉ ଗର୍ଭବତୀ
ମୋର ଏହି ବୃଥା ଭାଣ୍
ବୃଥା କୁଟିକମ
ଶବ୍ଦର ଶୃଙ୍ଗାର
ଏ ମହାଯଜ୍ଞର, ପ୍ରଭୁ
ହେଉ ଆଜି ଉଚ୍ଛିଷ୍ଟ, ଉତ୍କର ।

ତୁମ ପରି ମୋତେ କର
ମୋ କାବ୍ୟର ରସ
ଯାହା ପାଇଁ କାବ୍ୟର ଶରୀର
ଅବିରାମ ଦିଏ ଆତ୍ମାହୁତି
ଦିଏବଳି
ବାକ୍,ଅର୍ଥ, ଶବ୍ଦର ଚାତୁରୀ ।

ତୁମପରି ମୋତେ କର
ମୋ ବାକ୍ୟରେ ଶେଷ ଧାଡ଼ିଟିଏ
ମୋତେ ଯିଏ ବାଧ୍ୟ କରୁଥିବ
ଖୋଜିବାକୁ ମୋ ଆରମ୍ଭ
ପୁଣି ଛାଏଁ ଛାଏଁ
ମୋର ମୋତେ ଅତିକ୍ରମ କରି
ପହଞ୍ଚାଇ ଦେଉଥିବ
ପୁନଶ୍ଚ ଶେଷରେ
ମୋତେ ମୋର ଅନ୍ତିମ ଅକ୍ଷରେ ।

(*"ଇସ୍ତାହାର"*, ପୂଜା ବିଶେଷାଙ୍କ,୧୯୯୬)

ନଦୀ ସୂକ୍ତ

ଉଡୁଥିବା ଚଢ଼େଇର ଦେହଯାକ ପର
ଚାଲୁଥିବା ଏ ନଈର ଦେହଯାକ ଗୋଡ଼
ଯେଉଁପରି ଗୋହେଶ୍ୱର
ଭକ୍ତଦେହ କରେ ଲିଙ୍ଗମୟ
ଆଗୋ ନଦି,
ମୋ ଦେହରେ ଖଚି ଦେ ତୁ
ଅସମ୍ଭାଳ ସମୟ,
ସମୟ ।

ତୁ କି ଆଗୋ କାଳର ଅତୀତ
ଆଗପଛହୀନ ?
(ଅବା ତୋର ଅଲଗା ନିୟମ)
ଆଗକୁ ଯେ ବହିଯାଏ ସେ ହୁଏ ଅତୀତ
ପଛରେ ଯେ ରହିଥାଏ
ତାକୁ ଆମେ କହୁ ଭବିଷ୍ୟତ !

ଠେଲି ଠେଲି ପଛର ପଛକୁ
ହେ ଆଦିମ ମାତୃସ୍ରୋତ
ହେଉ ବର୍ତ୍ତମାନ
ଠେଲିଠେଲି ଆଗର ଆଗକୁ
ଚିରଦିନ ନବଜାତ
ଚିର ଅର୍ବାଚୀନ ।

ଆଗୋ ଋତମ୍ଭରା,
ଋତନିଷ୍ଠ, ନିର୍ମୋହ, ନିର୍ମମ
ମୋତେ ମୋର କରି ଅତିକ୍ରମ
ନିଜକୁ ପହଁରି ନିଜେ
ଟପି ନିଜ ଶରୀରର ସୀମା
ହେ ନଦୀ ବିଜରା
ତୋ ପରି ମୁଁ ହୁଏ ମଧୁକ୍ଷରା ।

ଆଗୋ ଭୋଗବତୀ
ତୋ ସଙ୍ଗରେ ତଟ କରେ ରତି
ପିପ୍ପଳ ବୃକ୍ଷରେ ବସି
ହସୁଥାଏ ତଟସ୍ଥ ସମୟ ।

ସବୁ ନଦୀ ଶୁକଦେବ
ଜନ୍ମହୋଇ ଚାଲେ ସିଧା
ଖୋଜିବାକୁ ଅନ୍ତିମ ଠିକଣା
ହଜାଇବା ପାଇଁ ନିଜ
ନାମଗୋତ୍ର ମହାସମୁଦ୍ରରେ
ସତେ ଅବା ହେଉଥାଏ ବଣା
ଅଟକାଏ ତଟ
କହେ କାନେ "ସମୁଦ୍ର ମୁଁ,
ଅସରନ୍ତି
ପରିକ୍ଷିତ ଓ ଶୁକ ସଂବାଦ ।
ପାହାଡ଼ର ଜଳବିନ୍ଦୁ ପାଇଁ
ସମୁଦ୍ର ଠିକଣା
ଅବିରାମ ବହିବାର ତୀବ୍ର ପ୍ରଚୋଦନା ।

ଫୁଲ ଯେଉଁ ପରି
ଜାଣେ ଖାଲି ଫୁଟିବାର ବେଳ
ରଖେନାହିଁ ମନ୍ଦିର କି
ଗଭାର ଖବର।"

ସତ୍ୟ କଣ ଗିରି ଶିଖେ ?
ଅବା ସତ୍ୟ
ସାଗର ସଂଗମେ ?
ଅବା ସତ୍ୟ ତୀରେ ତୀରେ
ଖାଲି ବହିବାରେ ?

ଧାବମାନ ତୋ ଜଳ ସ୍ରୋତରେ
ତୋ ତଟ ପିପ୍ପଳବୃକ୍ଷ
ସ୍ଥିର ବିମ୍ବପରି
ଚାଲୁ ଚାଲୁ ମୋ ଭିତରୁ
ନିଏ ମୁଁ ସାଉଁଟି
ଚାଲିବାର ପାଥେୟ ମୋ
ମହାଶୂନ୍ୟ ସ୍ଥିର ନିଃସମୟ
ମୂହୁର୍ତ୍ତ କେତୋଟି ।

■

(କଟକ, ତା. ୩୧.୧୨.୨୦୦୦)

ସିସିଫସ୍‌ର ସନ୍ଧ୍ୟା

ସିଡ଼ିମଝିରେ ଅଟକିଯାଇ
ଶୋଇ ହୁଏ ନାହିଁ, ଯେମିତି
ଗଡ଼ିହୁଏ ନାହିଁ ପୋଲ ମଝିରେ
ସରେଇ ଘର ।
ସଞ୍ଜ ବୋଇଲେ ତ ସେଇଥିପାଇଁ
ଆଉ ଏକ ଆରୋହଣର ପ୍ରସ୍ତୁତି
ଉଇଁ ଆସୁଥିବା ସୂର୍ଯ୍ୟ ପରି ଅବିକଳ
ଦିଶୁଥିବା ଅସ୍ତ ସୂର୍ଯ୍ୟର ସ୍ମୃତି ।

ସଞ୍ଜ ଗଡ଼ିଯାଏ
ପାହାଡ଼ ଚୂଳରୁ
ଅନ୍ଧାରର ଅସମ୍ଭାଳ କୋଳକୁ ।
ସେଇଠି ଚାଲେ
ସାରାରାତି
ନିଜକୁ ତିଳତିଳ କରିସାରିବାର
ମହାରତି ।

ସିସିଫସ୍‌ର ସଞ୍ଜସବୁ
ସୁରତିରେ ମାତିଥିବେ
ରାତିର ସେ ରତୁମତୀ ଅନ୍ଧାର ସାଥିରେ

ବ'କଟେ ସକାଳ ପାଇଁ
ଯୁଝୁଥିବେ
ପୁତ୍‌ନାମ ନରକ ସାଥିରେ
ରାତିସାରା

ପ୍ରତିଦିନ
ଚିରଦିନ ।

("ଝଙ୍କାର", ଜାନୁଆରୀ, ୧୯୯୬)

ସାରିବା ମାନେ....
Closure is not resolution
— Alan Wilde

ଯେତେବେଳେ କମାଟିଏ ଦେଲ
କ'ଣ ଜାଣିନଥିଲ
ପୂର୍ଣ୍ଣଚ୍ଛେଦ ଯାଏ ଯିବାକୁ ହେବ !
କଣ ପଢ଼ିନଥିଲ
କମାମାନେ ମିଶିଲେ ପୂର୍ଣ୍ଣଚ୍ଛେଦ
ଆଉ ପୂର୍ଣ୍ଣଚ୍ଛେଦମାନେ ମିଶିଲେ
ଗପଟିଏ ହୁଏ ।
'କଣ ଆଇମା'ଠୁ ଶୁଣିନ ଏ ଯାଏ
ଗପ ସରିଗଲେ
ଫୁଲ ଗଛ ମରିଯାଏ ।

ଗପ ମାନେ କମା,
ନ ସରିବାର ଅସନ୍ତୋଷ
ସାରିବା ପାଇଁ ବ୍ୟାକୁଳତା
ଆଉ ସରିଯିବାର ଭୟ ।

ଗପ ମାନେ କମା,
ମାନେ, ଏକ ବିଚିତ୍ର ପରିକ୍ରମା
ଏକ ଆବର୍ତ୍ତନ
ପ୍ରତ୍ୟାବର୍ତ୍ତନ ସେଇ

ଅପହଞ୍ଚ ବିନ୍ଦୁକୁ ।
ଭଉଁରୀର ଧାରେ ଧାରେ
ଆଗେଇବା
ପଛକୁ
ପଛକୁ ।

(କଟକ, ଅକ୍ଟୋବର, ୧୯୯୦)

ସଙ୍କେତ ସୂଚୀ

ଗୁଡ୍ ଫ୍ରାଇଡେର କବିତା-ପୃ ୮ ଗୁଡ଼ଫ୍ରାଇଡ଼େରେ ଯିଶୁ କ୍ରୁସ୍‌ବିଦ୍ଧ ହେଲେ ଏବଂ ତା'ର ଦୁଇଦିନ ପରେ ଇଷ୍ଟର ଦିନ ପୁନର୍ଜୀବନ ପାଇଲେ ବୋଲି ଖ୍ରୀଷ୍ଟଧର୍ମ ବିଶ୍ୱାସ କରେ ।

ପ୍ରଭାସ, କ୍ୟାଲ୍‌ଭାରୀ, ମେମ୍ଫିସ୍ ଓ ବିର୍ଲାର ବଗିଚାରେ ଯଥାକ୍ରମେ ଶ୍ରୀକୃଷ୍ଣ, ଯିଶୁ, ମାର୍ଟିନ୍ ଲୁଥର କିଙ୍ଗ୍ ଓ ଗାନ୍ଧୀଜୀ ସହୀଦ ହୋଇଥିଲେ ।

ବଲିଭିଆ, ହାନୋଇ, କୋରାପୁଟ ଇତ୍ୟାଦି ସ୍ଥାନରେ ଏଇ କବିତା ରଚନା ସମୟରେ ହଜାର ହଜାର ବିପ୍ଳବୀ ବୈଷମ୍ୟ ତଥା ଶୋଷଣ ବିରୁଦ୍ଧରେ ସଂଗ୍ରାମ କରି ପ୍ରାଣପାତ କରୁଥିଲେ ।

ଗୋଟାଏ ଖୁଉବ୍ ନିଶୁନ୍ ରାତିର ସଲିଲଜୀ - କବିତାଟି 'ଡଗରରେ' "ରୂପସ୍ରଷ୍ଟା" ଛଦ୍ମ ନାମରେ ପ୍ରକାଶ ପାଇଥିଲା ।

କୋକେଇ ଉପରୁ ସଂସାର ଦର୍ଶନ - ପୃ.୧୩ ଲିଦି- ଗ୍ରୀକ୍ ଉପକଥା ବର୍ଣ୍ଣିତ ପାତାଳ ନଦୀ ଯାହାର ଜଳପାନ କଲେ ବିସ୍ମୃତି ଘାରେ ।

ଉତ୍କଳମଣି (ଅଥବା ସେହିପରି ମହାପୁରୁଷମାନଙ୍କୁ) ପୃ.୧୮ ବିଂଶସୂତ୍ରୀ ପୁନର୍ନିର୍ମାଣ - ୧୯୭୫-୭୬ ରେ ଇନ୍ଦିରାଗାନ୍ଧୀଙ୍କ ଶାସନ କାଳରେ ଘୋଷିତ ଜରୁରୀ ପରିସ୍ଥିତି ହେତୁ ଦେଶ ବିଦେଶରେ ଇନ୍ଦିରା ନିନ୍ଦିତ ହେବାରୁ ଜନସାଧାରଣଙ୍କ ତୁଷ୍ଟିକରଣ ପାଇଁ ସେ 'ବିଂଶସୂତ୍ରୀ କାର୍ଯ୍ୟକ୍ରମ' ଘୋଷଣା କଲେ ।

ପୃ-୧୮ କୋପେ- ଥାଇଲାଣ୍ଡର ଡୋଙ୍ଗ୍‌ରାକ୍ ପାର୍ବତ୍ୟ ଅଞ୍ଚଳରେ ଦେଖାଯାଉଥିବା ପୃଥିବୀର ସବୁଠାରୁ ଦୁର୍ଲଭ ଗୃହପାଳିତ ପଶୁ ।

ପୃ-୧୯ମଙ୍ଗଳଚଣ୍ଡିଆ- ଦେବାଦେବୀଙ୍କ ଚିତ୍ର ବେକରେ ପକାଇ ଗାଁ ଗାଁ ଭିକମାଗି ବୁଲୁଥିବା ଏକ ଭିକ୍ଷୁକ ଶ୍ରେଣୀ ।

ଧୂମାବତୀ-ଦୁର୍ଗାଙ୍କର ଦଶବିଧ ଅବତାର (ଦଶ ମହାବିଦ୍ୟା) ଭିତରୁ ଧୂମାବତୀ ଅନ୍ୟତମ । ବିବର୍ଣ୍ଣା, ରୁକ୍ଷା, ମଳିନ ସ୍ୱର, ବିରଳ ଦନ୍ତା, ବିଲମ୍ବିତ ପୟୋଧରା, କ୍ଷୁଧାତୁରା ଧୂମାବତୀ କ୍ଷୁଧାଜ୍ୱାଳା ସହି ନ ପାରି ସ୍ୱାମୀ ମହାଦେବଙ୍କୁ ଗ୍ରାସ କରିବାକୁ ତାଙ୍କ ପଛରେ ଗୋଡ଼ାଇଥିଲେ । ପୃ ୨୩ ଶାକମ୍ଭରୀ- ଦୁର୍ଗାଙ୍କର ଅନ୍ୟ ଏକ ଅବତାର । ପୃଥିବୀରେ ଶହେ ବର୍ଷ ବ୍ୟାପି ଅନାବୃଷ୍ଟି ପଡ଼ନ୍ତେ ଦୁର୍ଗା ନିଜ ଦେହସମ୍ଭୁତ ପ୍ରାଣଧାରକ ଶାକ ଦ୍ୱାରା ଜଗତକୁ ରକ୍ଷା କରିଥିଲେ ।

ପୃ-୨୩ଦଶ୍ - ଦଶପଇସି

ଦାରୁ-ପୃ ୨୬ **ଜରତ୍‌କାରୁ** - ଋଷିପତ୍ନୀ ଜରତ୍‌କାରୁଙ୍କୁ ତାଙ୍କ ସ୍ୱାମୀ ଛାଡ଼ିଦେଇ

ଚାଲିଯାଇଥିବା ସମୟରେ ଆଶ୍ୱାସନା ଦେଇ ଯାଇଥିଲେ, "(ମୋ ଉପରେ) ବିଶ୍ୱାସ ରଖ । ତୁମେ ଗର୍ଭବତୀ । ତୁମ ଗର୍ଭରେ ଗୋଟିଏ ପୁତ୍ର ସନ୍ତାନ ଅଛି (ଅସ୍ତି) । 'ଅସ୍ତି' ଶବ୍ଦରୁ ପୁତ୍ରର ନାମ "ଆସ୍ତିକ" ହେଲା ।

ପୃ-୨୬ ତେନ ଗଛ ପରସ୍ତରମ୍ - ସଂପୂର୍ଣ୍ଣ ମନ୍ତ୍ର :

ଅଦୋ ଯଦ୍ଦାରୁ ପ୍ଲବତେ ସିନ୍ଧୋଃ ପାରେ ଅପରୁଷମ୍
ତଦାରଭସ୍ୱ ଦୁର୍ହଣୋ ତେନ ଗଛ ପରସ୍ତରମ୍ ।

ଅର୍ଥ - ହେ ଦୁର୍ହଣ (ଯାହାକୁ ହନନ କରିବା କଷ୍ଟକର) ସମୁଦ୍ର ତଟରେ ଏହି ଯେଉଁ ଦାରୁ ଭାସୁଅଛି ସେ ତୋ ନମସ୍ୟ । ତାକୁ ଅବଲମ୍ବନ କରି ତୁ ଦିବ୍ୟଲୋକକୁ ଗମନ କର !

ଏ ବୃକ୍ଷ ନୁହଇ କାହାର - ଭାଗବତ ଏକାଦଶ ସ୍କନ୍ଧରୁ ଶୀର୍ଷକଟି ଗୃହୀତ ।(ବୃକ୍ଷର ତଳେ ଯେହ୍ନେ ଆସି / ପଥିକେ ବିଶ୍ରମନ୍ତି ବସି । ପୁଣି ଚଳନ୍ତି ଶ୍ରମସାରି / ସେ ବୃକ୍ଷ ନୁହଇଁ କାହାରି ।)

ଅରୁନ୍ଧତୀ- ବିବାହ ସମୟରେ ଅରୁନ୍ଧତୀ ତାରାକୁ ସାକ୍ଷୀ ରଖାଯାଏ । ପୁନଶ୍ଚ କଥିତ ଅଛି, ଅରୁନ୍ଧତୀ ତାରା ଖାଲି ଆଖିକୁ ଦେଖାଯିବା ମୃତ୍ୟୁ ସନ୍ନିକଟ ହେବାର ଲକ୍ଷଣ।

ହସର ଆଲ୍‌କେମୀ-ପୃ ୩୯ସୁନାର ତରୀ ଓ ପୃ ୪୦ 'ଫୁଟା ଡଙ୍ଗା' : ଯଥାକ୍ରମେ ରବୀନ୍ଦ୍ର ନାଥଙ୍କର ପ୍ରସିଦ୍ଧ "ସୋନାର୍ ତରୀ" କବିତାର ସୁବର୍ଣ୍ଣ ତରୀ ଓ ଫତୁରାନନ୍ଦଙ୍କର ଆତ୍ମଜୀବନୀ "ମୋ ଫୁଟା ଡଙ୍ଗାର କାହାଣୀ" ର ଫୁଟାଡଙ୍ଗାକୁ ଉପଲକ୍ଷ ଦିଆଯାଇଛି ।

ଆଉ ଏକ କୃତଘ୍ନ ରାତି - ପୃ-୬୫ ଶଙ୍ଖ, ପଦ୍ମ, ହାତ- କବିତାଟି ଲେଖାହେବା ବେଳେ 'ଶଙ୍ଖ' ବିଜୁଜନତାଦଳ (ବି.ଜେ.ଡ଼ି) ର, 'ପଦ୍ମଫୁଲ' ଭାରତୀୟ ଜନତା ଦଳ (ବି.ଜେ.ପି) ର ଓ 'ହାତ' କଂଗ୍ରେସର ନିର୍ବାଚନ ପ୍ରତୀକ ଥିଲା । ସେତେବେଳେ କେନ୍ଦ୍ରରେ ଓ ଓଡ଼ିଶାରେ ବି.ଜେ.ପି-ବି.ଜେ.ଡ଼ିର ମିଳିତ ସରକାର ରହିଥିଲା ଏବଂ କେତେକ ରାଜ୍ୟରେ କଂଗ୍ରେସ ଶାସନ କରୁଥିଲା ।

ଈଶ୍ୱରଙ୍କୁ କ୍ଷମାକର - ମନୋହରପୁର : ୧୯୯୯ ଜାନୁୟାରୀ ୨୩ ର ଶୁନଶାନ ନିଶାର୍ଦ୍ଧରେ କେନ୍ଦୁଝରର ଆଦିବାସୀ ଗ୍ରାମ ମନୋହରପୁରଠାରେ ଧର୍ମାନ୍ଧ ଦାରାସିଂ ଓ ତାର ଆତତାୟୀ ଅନୁଚରବର୍ଗ ପୋଡ଼ି ମାରିଦେଇଥିଲେ ଖ୍ରୀଷ୍ଟିୟାନ୍ ସମାଜସେବୀ ଗ୍ରାହାମ୍ ଷ୍ଟେନ୍ ଓ ତାଙ୍କର ଦୁଇ ଶିଶୁପୁତ୍ର ଟିମୋଦି ଓ ଫିଲିପ୍‌କୁ । ପରଦିନ ସାଂବାଦିକମାନେ ଗ୍ରାହାମ୍‌ଙ୍କ ବିଧବା ପତ୍ନୀ ଗ୍ଲାଡ଼ିସ୍‌ଙ୍କଠାରୁ ଯେତେବେଳେ ଦାରାସିଂହ ପ୍ରତି ତାଙ୍କର ମନୋଭାବ ଜାଣିବାକୁ ଚାହିଁଲେ ଗ୍ଲାଡ଼ିସ୍ ବାଇବେଲ୍ ଉଦ୍ଧାର କରି କହିଲେ, "ସେମାନେ ଜାଣନ୍ତି ନାହିଁ ସେମାନେ କ'ଣ କରୁଛନ୍ତି । ଈଶ୍ୱର, ତାଙ୍କୁ କ୍ଷମା କର ।"

ପୃ-୬୯ ଅଷ୍ଟମାତୃକା- ବରାହପୁରାଣରେ ଅଷ୍ଟ ମାତୃଗଣଙ୍କୁ କାମ, କ୍ରୋଧାଦି ଅଷ୍ଟ ରିପୁର ପ୍ରତୀକ ରୂପେ ବର୍ଣ୍ଣନା କରାଯାଇଛି ।

"....ଓ ଅନ୍ୟାନ୍ୟ କଥା ଉପକଥା" : ଏହି କବିତାଟିର ଶୀର୍ଷକରେ ଗାଳ୍ପିକା ଲତା ମହାନ୍ତିଙ୍କ ଅନ୍ୟତମ ମିନି ଗଳ୍ପର ସଂକଳନ "କଲୁରେଇ ବେଣ୍ଟ ଓ ଅନ୍ୟାନ୍ୟ କଥା ଉପକଥା" ର ଶୀର୍ଷକକୁ ଉପଲକ୍ଷ କରାଯାଇଛି ।

ପୃ-୭୨ ଅବିନାଶ, ମିନିବୋଉ- ଲତା ମହାନ୍ତିଙ୍କ ଗଳ୍ପର କେତୋଟି ଚରିତ୍ର ।

ସିଢ଼ି ମଣିଷ : ଏହି ପୁସ୍ତକର ଅଳଙ୍କରଣ ପାଇଁ ମୋଟିଫ୍ ରୂପେ ବ୍ୟବହୃତ ଚିତ୍ରଟିକୁ ମୋ ଝିଅ ଇତିଶ୍ରୀ ପିଲାବେଳେ ବାରମ୍ବାର ଆଙ୍କିବାକୁ ଭଲ ପାଉଥିଲା । ତା' ନାଁ ସେ ଦେଇଥିଲା "ସିଢ଼ି ମଣଷ" ।

ଟିପ୍ପଣୀ- ଅନ୍ଧ ଭୋକ : ପୃ-୭୫, ଡ:କୋଟ୍‌ନିସ୍ - ଦ୍ୱାରକାନାଥ ଶାନ୍ତାରାମ କୋଟ୍‌ନିସ୍ ଚୀନାବିପ୍ଳବ ସମୟରେ କ୍ଷତାହତ ବିପ୍ଳବୀମାନଙ୍କର ସେବା ପାଇଁ ସ୍ୱେଚ୍ଛାରେ ଚୀନ୍‌ଯାଇ ସେଠାରେ ଆତ୍ମୋତ୍ସର୍ଗ କରିଥିବା ଭାରତୀୟ ଡାକ୍ତର । ତାଙ୍କ ନାମ (ମାଓ ସେ ତୁଙ୍ଗଙ୍କ ସମେତ) ଚୀନାମାନେ ଅତି ସମ୍ମାନର ସହିତ ସ୍ମରଣ କରନ୍ତି ।

ନାଗଭୂଷଣ- ସ୍ୱର୍ଗତ ମାଓପନ୍ଥୀ ବିପ୍ଳବୀ ନାଗଭୂଷଣ ପଟ୍ଟନାୟକ

ପୃ-୭୫ ବୋକାବୁଢ଼ା -ଚୀନା ଲୋକଗଳ୍ପର ପ୍ରସିଦ୍ଧ ବୋକାବୁଢ଼ା । ତା ଘର ଆଗରେ ପ୍ରତିବନ୍ଧକ ସୃଷ୍ଟି କରୁଥିବା ପାହାଡ଼ଟାକୁ ସେ ଟାଳି ଫୋପାଡ଼ି ଦେବା ଠିକ୍ କଲା । ଖଣତି ଧରି ତାଡ଼ିବା ଆରମ୍ଭ କଲା । ସମସ୍ତେ ହସିଲେ । କିନ୍ତୁ ସେ କାହାର ମତାମତକୁ ଭ୍ରୂକ୍ଷେପ ନକରି ଅନବରତ ପାହାଡ଼ ପାଦରେ ଆଘାତ କରି ଚାଲିଲା । ତାର ଯିଦ୍ ଓ ନିଷ୍ଠାରେ ସନ୍ତୁଷ୍ଟ ହୋଇ ଦେବଦୂତ ପାହାଡ଼ଟିକୁ ସେଠାରୁ ଅପସାରଣ କଲେ ।

ପୃ-୭୫ ୱାନ୍ ଆଉ ଜିଆଙ୍ଗ୍‌ନୁ- ଚୀନା ଲୋକକଥାର ସୁ ପରିଚିତ ପ୍ରେମିକ ପ୍ରେମିକା । ପ୍ରାୟ ୨୫୦୦ ବର୍ଷ ତଳେ କ୍ୱିନ୍ ରାଜବଂଶର ପ୍ରଥମ ସମ୍ରାଟ ସି ହୁଆଙ୍ଗ୍ ନିଜ ସାମ୍ରାଜ୍ୟର ସୁରକ୍ଷା ପାଇଁ ନିର୍ମାଣ କରିବା ଆରମ୍ଭ କଲେ ବିଶ୍ୱର ଅନ୍ୟତମ ବିସ୍ମୟ ଚୀନା ପ୍ରାଚୀର । ସେ ପ୍ରାଚୀର ତିଆରି ହୋଇଥିଲା ଲକ୍ଷ ଲକ୍ଷ ଖଟିଖିଆ ମଣିଷଙ୍କ ବେଠିରେ । ଉତ୍ତର ଚୀନ୍‌ର ଅସମ୍ଭବ ହାଡ଼ଭଙ୍ଗା ଶୀତରେ ଅଖିଆ ଅପିଆ ଦିନରାତି ଖଟି ପ୍ରତିଦିନ ଶତାଧିକ ସଂଖ୍ୟାରେ ଟଳି ପଡୁଥିଲେ ବେଠିଆ । ସେମାନଙ୍କ ସ୍ଥାନ ପୂରଣ କରିବାକୁ ପ୍ରତିଦିନ ପୁଣି ଧରାହୋଇ ଆସୁଥିଲେ ନୂଆ ଦୁର୍ଭାଗା । ଏମିତି ଧରାହୋଇ ଆସିଥିଲା ୱାନ୍ ସିଲିଆଙ୍ଗ କେଉଁ ଏକ ସୁଦୂର ପଲ୍ଲୀରୁ । ଘରେ ବର୍ଷ ବର୍ଷ ଅପେକ୍ଷା କରି ରହିଥିଲା ସୁନ୍ଦରୀ ପ୍ରୋଷିତ ଭର୍ତ୍ତୃକା ମେଙ୍ଗ୍ ଜିଆଙ୍ଗ୍‌ନୁ । ବହୁବର୍ଷ ଧରି ସ୍ୱାମୀଙ୍କର କୌଣସି ଖବର ନପାଇ ଜିଆଙ୍ଗ୍‌ନୁ ବାହାରିଲା ଅନ୍ୱେଷଣରେ । ସୁଦୀର୍ଘ

ଥିଲା ପଥ । ଦୁର୍ଗମ ଓ ଭୀତିପ୍ରଦ । ବହୁଶୀତ, ବସନ୍ତ, ନିଦାଘ ପାରିହୋଇ ମେଙ୍ଗ୍ ପହଞ୍ଚିଛି ପ୍ରାଚୀର ପାଖରେ । ଲକ୍ଷଲକ୍ଷ ଶ୍ରମିକଙ୍କ ଭିତରେ ସ୍ୱାମୀକୁ ଖୋଜିଛି ପାଗଳୀପରି । ଅବଶେଷରେ ଜାଣିବାକୁ ପାଇଛି ଯେ ତା'ର ସ୍ୱାମୀ ବହୁକାଳପୂର୍ବେ ମରିଯାଇଛି ପଥର ଚାପରେ । ମେଙ୍ଗ୍ର ବୁକୁଫଟା କରୁଣ କ୍ରନ୍ଦନରେ ସତେକି ଅଚେତ ହୋଇଗଲା ସେହି ସୁଦୀର୍ଘ ମେଘନାଦ ପାଚେରୀ । କାହିଁ କେତେ ଯୋଜନ ଧରି ଟଳି ପଡ଼ିଲା ମାଟିରେ ।

ସମ୍ରାଟ ସି ହୁଆଙ୍ଗ୍ର ଲୋଲୁପ ଦୃଷ୍ଟି ପଡ଼ିଛି ଜିଆଙ୍ଗ୍ନୁ ଉପରେ । ତାକୁ ସେ ରକ୍ଷିତା କରି ରଖିବାକୁ ଚାହିଁଛି । ଜିଆଙ୍ଗ୍ନୁ ଦେଇଛି ୩ଟି ସର୍ତ୍ତ । ତା ସ୍ୱାମୀକୁ ଏକ ସୁନା କଫିନ୍ରେ ରଖି ଶେଷକୃତ୍ୟ କରାଯିବ । ରଜା ଓ ତାଙ୍କର ସମସ୍ତ ପାର୍ଶ୍ୱଦବର୍ଗ ୱାନ୍ର ଶେଷକୃତ୍ୟ ରାଜକୀୟ ଠାଣିରେ ସମାପନ କରିବେ ଓ ପିତାର ମୃତ୍ୟୁ ବେଳେ ପୁତ୍ର ଯେପରି ଶୋକପୋଷାକ ପରିଧାନ କରେ ସମ୍ରାଟ ସେହିପରି ପୋଷାକ ପରିଧାନ କରିବେ । ଜିଆଙ୍ଗ୍ନୁର ସମସ୍ତ ସର୍ତ୍ତ ପୂରଣ ହେବା ସଙ୍ଗେ ସଙ୍ଗେ ସମ୍ରାଟଙ୍କ ନିକଟରେ ଆତ୍ମ-ସମର୍ପଣ କରିବା ପରିବର୍ତ୍ତେ ଜିଆଙ୍ଗ୍ନୁ ତତ୍କ୍ଷଣାତ୍ ନିକଟସ୍ଥ ନଦୀରେ ଝାସ ଦେଇ ଦେଇଛି । ତାକୁ ଧରିବା ପାଇଁ ରାଜାର ପାଇକ ପାଣିରେ ପାଦ ଦେବାମାତ୍ରେ ସେ ଏକ ରୂପେଲି ମାଛରେ ପରିଣତ ହୋଇ ଅନ୍ତର୍ଦ୍ଧାନ ହୋଇଛି ।

ପୃ-୭୫ କାପଟିକ - କୌଟିଲ୍ୟ 'ଅର୍ଥଶାସ୍ତ୍ର' ବର୍ଣ୍ଣିତ କପଟ ବେଶଧାରୀ ଗୁପ୍ତଚର ।

ପୃ-୭୬ ଡ୍ରାଗନ୍ - ଚୁଙ୍ଗର ନବଜାତ ପୁତ୍ରସନ୍ତାନର ଡାକନାଁ 'ଥିଏ ଲୋଁ' (ଆକାଶରେଉଡ୍ଡୁଥିବା ଡ୍ରାଗନ୍)

ସିସିଫସ୍ର କେତୋଟି ସୁକ୍ତ - ସିସିଫସ୍- ଗ୍ରୀକ୍ କିମ୍ବଦନ୍ତୀ ଅନୁଯାୟୀ କୋରିନ୍ଥର ଅଭିଶପ୍ତ ସମ୍ରାଟ । ଗ୍ରୀକ୍ ଦେବତା ହେଡ୍ଡେଜ୍ଙ୍କ ଠାରୁ ପାଇଥିବା ଅଭିଶାପ ଅନୁଯାୟୀ ଚିରଦିନ ପାଇଁ ସିସିଫସ୍ ଗୋଟାଏ ପ୍ରକାଣ୍ଡକାୟ ପଥର ପର୍ବତଚୁଳକୁ ବୋହିନେଉଥିବ ଆଉ ସେଠି ପଥରଟି ଥାପିବା ମାତ୍ରେ ସିଏ ପୁଣି ପର୍ବତ ପାଦଦେଶକୁ ଗଡ଼ି ଆସୁଥିବ ।

ପୃଥିବୀ ସୂକ୍ତ- ଅଥର୍ବ ବେଦର ଦ୍ୱାଦଶ କାଣ୍ଡ ପ୍ରଥମ ସୂକ୍ତ 'ପୃଥିବୀ ସୂକ୍ତ' ରୂପେ ପରିଚିତ ।

ପୃ-୭୯ ଇଡ଼ିପସ୍- ନିଜ ମାତାକୁ ବିବାହ କରିଥିବା ପ୍ରବାଦୋକ୍ତ ଅଭିଶପ୍ତ ଗ୍ରୀକ୍ ବୀର ।

ପୃ-୮୧ ବେଦ ଅନୁଯାୟୀ ପର୍ଜନ୍ୟ ପୃଥିବୀଙ୍କର ସ୍ୱାମୀ । ଖନନ, କର୍ଷଣ ଯୋଗ୍ୟ ଉର୍ବର ଭୂମିର ନାମ ଅପ୍ନସ୍ୱତୀ ।

ପୃ-୮୨ ଫିନିକ୍ସ- ମିଶରୀୟ ପ୍ରବାଦୋକ୍ତ ପକ୍ଷୀ ଯାହା ବାରମ୍ବାର ଅଗ୍ନିସ୍ନାନ କରି

ନବକଳେବର ପ୍ରାପ୍ତ ହୁଏ । ବୈଶ୍ୱାନର- ପୃଥିବୀ ଗର୍ଭସ୍ଥ ଅଗ୍ନିଙ୍କ ନାମ ।

ଆଗ୍ନେୟ ସୂକ୍ତ- ପୃ-୮୩ ଓଁ ଅଗ୍ନିମୀଳେ- ଋକ୍‌ବେଦ ପ୍ରଥମ ମଣ୍ଡଳ, ପ୍ରଥମ ଅଧ୍ୟାୟର ପ୍ରଥମ ସୂକ୍ତ ଆଗ୍ନେୟସୂକ୍ତ ରୂପେ ପରିଚିତ । ଏହାର ପ୍ରଥମ ଋକ୍‌ର ପ୍ରଥମ ପାଦ 'ଓଁ ଅଗ୍ନିମୀଳେ'- ଅର୍ଥାତ୍ ମୁଁ ଅଗ୍ନିଦେବଙ୍କର ସ୍ତୁତି କରୁଛି । (ଅର୍ଥାନ୍ତରେ) ମୁଁ ଅଗ୍ନିଦେବଙ୍କର ଅନ୍ୱେଷଣ କରୁଛି।

ପୃ-୮୪ ପରୋପ୍ତା, ଉଦ୍ଧିତା-ଅଥର୍ବ ବେଦରେ ବର୍ଣ୍ଣିତ ଶବସଂସ୍କାରର ବିଭିନ୍ନ ପଦ୍ଧତି ଭିତରୁ ଦୁଇଟି । ଯେଉଁ ଶବକୁ ପଶୁପକ୍ଷୀଙ୍କ ଖାଇବା ପାଇଁ ଖଣ୍ଡ ଖଣ୍ଡ କରି ଫୋପାଡ଼ି ଦିଆଯାଏ ତାହା ପରୋପ୍ତା । ଅସହାୟ ଅବସ୍ଥାରେ ଛାଡ଼ିଦିଆଯାଇଥିବା ଶବ ଉଦ୍ଧିତା ।

ପୃ-୮୫ଯବସ, ଅତସ-ଋଗବେଦର ଦୁଇଟି ଶବ୍ଦ । ବନ୍ୟ ଅଗ୍ନିରେ ଜଳିଯାଉଥିବା ଘାସର ନାମ ଯବସ । ଯାହା କିଛି ଅନାୟାସରେ ଜଳିଯାଏ ତାହା ଅତସ ।

ପୃ-୮୫ଯାତୁଧାନ-ଅଭିଚାରକର୍ତ୍ତା । ମାୟାକାର । ସମ୍ଭବତଃ, ଏହି ବୈଦିକ ଶବ୍ଦ 'ଯାତୁ' ରୁ ମ୍ୟାଜିକ୍ ଅର୍ଥରେ 'ଯାଦୁ'ଶବ୍ଦର ଉତ୍ପତ୍ତି ।

ପୃ-୮୭ସାମିଧେନୀ ଅନୁବଚନ-ଯେଉଁ ଋଚା ବୋଲି ଅଗ୍ନିକୁ ଭଲଭାବେ ଜଳାଯାଏ ତାହା ସାମିଧେନୀ ରୂପେ ପରିଚିତ ।

ପୃ-୮୮ଇଦମହମନୃତାତ୍ ସତ୍ୟମୁପୈମି -ସଂପୂର୍ଣ୍ଣ ମନ୍ତ୍ର :

ଓଁ ଅଗ୍ନେ ବ୍ରତପତେ ବ୍ରତଂ ଚରିଷ୍ୟାମି ତଚ୍ଛକେୟଂ ତନ୍ମେରାଧତାମ୍ । ଇଦମହମନୃତାତ୍ ସତ୍ୟମୁପୈମି । ଅର୍ଥ : ହେ ବ୍ରତପତେ ଅଗ୍ନି ! ମୁଁ ବ୍ରତ ଆଚରଣ କରିବି । ମୋତେ ଏପରି ପ୍ରେରିତ କରନ୍ତୁ ଯେପରି ମୁଁ ଏଥିରେ ସମର୍ଥ ହେବି । ବର୍ତ୍ତମାନ ମୁଁ ଅନୃତରୁ ସତ୍ୟଦିଗରେ ଆଗଉଛି ।

ପୁରୁଷ ସୂକ୍ତ : କବିତାଟିର ମୁଖ୍ୟ ରୂପକ ଯଦିଓ ଋକ୍‌ବେଦର ପ୍ରସିଦ୍ଧ "ପୁରୁଷ ସୂକ୍ତ" ରୁ ଗୃହିତ,ଏଥିରେ ବ୍ୟବହୃତ ଅଧିକାଂଶ ବୈଦିକ ଶବ୍ଦ ଓ ରୂପକଳ୍ପ ବୃହଦାରଣ୍ୟକ ଉପନିଷଦରୁ ନିଆଯାଇଛି । ବୃହଦାରଣ୍ୟକରେ ବ୍ରହ୍ମ ଅଶ୍ୱମେଧ ଯଜ୍ଞର ଘୋଡ଼ା ରୂପେ ପରିକଳ୍ପିତ ।

ପୃ-୯୧ସୁବର୍ଣ୍ଣ ମହିମା- ସେ ଘୋଡ଼ାର ସମ୍ମୁଖଭାଗରେ ଥିବା ଦିବସକୁ ଓ ପଶ୍ଚାତ୍‌ଭାଗରେ ଥିବା ରାତ୍ରୀକୁ ଯଥାକ୍ରମେ ସୁବର୍ଣ୍ଣ ମହିମା (ପାତ୍ର) ଓ ରୌପ୍ୟ ମହିମା ରୂପେ ବର୍ଣ୍ଣନା କରାଯାଇଛି ।

ପୃ-୯୩ ଉତ୍କର-ଅଶ୍ୱମେଧ ଯଜ୍ଞର ଅଗ୍ନିକୁ ଅର୍କ ଓ ଯଜ୍ଞ ସରିବା ପରେ ତା'ର ପରିତ୍ୟଜ୍ୟ ବସ୍ତୁ ସମୂହକୁ ଉତ୍କର କୁହାଯାଏ ।

ପୃ-୯୨ମୃତ୍ୟୁ, ଅଦିତି-ବ୍ରହ୍ମଙ୍କୁ ମୃତ୍ୟୁ (ଅଶନାୟା) ତଥା କ୍ଷୁଧା (ଅଦିତି) ରୂପେ ମଧ୍ୟ

ବର୍ଣ୍ଣନା କରାଯାଇଛି ।

ପୃ-୯୩ ଭାଣ୍- କ୍ଷୁଧାରେ ପାଗଳ ବ୍ରହ୍ମ ସଦ୍ୟ ଭୂମିଷ୍ଠ ନିଜ ଶିଶୁକୁ ଖାଇବା ପାଇଁ ଉଦ୍ୟତ ହେବାବେଳେ ସେ ଯେଉଁ ଚିତ୍କାର କଲା ତାହା 'ଭାଣ୍' ରୂପେ ବିଦିତ ।

ପୃ-୯୧ ହୟ, ବାଜି, ଅର୍ବା-ହୟ, ବାଜି ଏବଂ ଅର୍ବା ଯଥାକ୍ରମେ ଦେବତା,ଗନ୍ଧର୍ବ ଓ ଅସୁରମାନଙ୍କର ଘୋଡ଼ାର ନାମ ।

ପୃ-୯୧ ଅନନ୍ଦ ଲୋକ- ଇଶୋପନିଷଦ ଅନୁଯାୟୀ ଆତ୍ମଘାତି ବ୍ୟକ୍ତି ଅନନ୍ଦଲୋକରୂପୀ ନିରାନନ୍ଦ ନର୍କରେ ପତିତ ହୁଏ ।

ନଦୀ ସୂକ୍ତ : ପୃ-୯୫,୨ୟ, ୩ୟ ଏବଂ ୪ର୍ଥ ପଦ କର୍ଣ୍ଣାଟକର ଭକ୍ତକବି ଆଲାମ୍ଙ୍କର ଗୋଟିଏ 'ବଚନ' ଛାୟାରେ ...... ।

■

BLACK EAGLE BOOKS

www.blackeaglebooks.org
info@blackeaglebooks.org

Black Eagle Books, an independent publisher, was founded as a nonprofit organization in April, 2019. It is our mission to connect and engage the Indian diaspora and the world at large with the best of works of world literature published on a collaborative platform, with special emphasis on foregrounding Contemporary Classics and New Writing.

www.ingramcontent.com/pod-product-compliance
Lightning Source LLC
Chambersburg PA
CBHW060615080526
44585CB00013B/838
9781645605348